O COACH DE UM TRILHÃO DE DÓLARE$

Eric Schmidt,
Jonathan Rosenberg
e Alan Eagle

O COACH DE UM TRILHÃO DE DÓLARE$

O MANUAL DE LIDERANÇA DO VALE DO SILÍCIO

2ª Edição

Tradução:
Sandra Martha Dolinsky

Planeta ESTRATÉGIA

Título original: *Trillion Dolar Coach*

Preparação: Marina Castro
Revisão: Fernanda Guerriero Antunes e Project Nine Editorial
Diagramação: Vivian Oliveira
Capa: Kalany Ballardin | Foresti Design

Dados Internacionais de Catalogação na Publicação (CIP)
Angélica Ilacqua CRB-8/7057

Schmidt, Eric
O coach de 1 trilhão de dólares : o manual de liderança do Vale do Silício / Eric Schmidt, Jonathan Rosenberg, Alan Eagle ; tradução de Sandra Martha Dolinsky – 2. ed. - São Paulo : Planeta do Brasil, 2024.
208 p.

ISBN: 978-85-422-2720-8
Título original: *Trillion Dollar Coach*

1. Campbell, Bill, 1940-2016 2. Liderança 3. Mentores nos negócios - Biografia 4. Consultores de negócios - Biografia 5. Santa Clara, Vale de (Estados Unidos) I. Título II. Rosenberg, Jonathan III. Eagle, Alan IV. Dolinsky, Sanda Martha

24-1971 CDD 658.407124

Índices para catálogo sistemático:
1. Coach - Biografia

MISTO
Papel | Apoiando o manejo florestal responsável
FSC® C112738
FSC
www.fsc.org

Ao escolher este livro, você está apoiando o manejo responsável das florestas do mundo

2024

EDITORA PLANETA DO BRASIL LTDA.
Rua Bela Cintra 986, 4º andar – Consolação
São Paulo – SP CEP 01415-002
www.planetadelivros.com.br
faleconosco@editoraplaneta.com.br

Para Bill

Sumário

Prefácio

Há quase uma década, eu li uma matéria na *Fortune* sobre o segredo mais bem guardado do Vale do Silício. Não era uma peça de hardware ou um software, tampoco um produto. Era um homem. Seu nome: Bill Campbell, e ele não era um hacker, mas um treinador de futebol americano que se tornou vendedor. No entanto, de alguma maneira, Bill começou a exercer tanta influência que passou a acompanhar Steve Jobs em sua caminhada semanal aos domingos e os fundadores do Google afirmam que não teriam conseguido sem ele.

O nome de Bill me parecia familiar, mas eu não conseguia situá-lo. No fim, acabei me lembrando: eu o reconheci de um caso sobre o qual havia lecionado algumas vezes, a respeito um dilema de gestão na Apple em meados dos anos 1980, quando uma jovem e corajosa gestora chamada Donna Dubinsky questionou um plano de distribuição do próprio Steve Jobs. Bill Campbell era chefe do chefe de Donna e usou exatamente o tipo de amor duro que se esperaria de um treinador de futebol americano: ele rasgou a proposta dela, forçou-a a pensar em algo mais forte e depois a defendeu. Eu não ouvia falar dele desde então – as décadas seguintes de sua carreira eram um mistério.

A matéria me deu uma pista sobre o motivo disso: Bill adorava virar os holofotes para os outros e preferia ficar nas sombras. Eu estava escrevendo um livro sobre como ajudar outras pessoas pode impulsionar nosso sucesso e me dei conta de que ele seria um personagem fascinante sobre o qual escrever. Mas como narrar a história de alguém que evita a atenção do público?

Comecei reunindo tudo o que pude encontrar on-line sobre ele. Descobri que Bill compensava em coração o que ele não tinha em força física. Ele era o mais valioso jogador de seu time de futebol americano do ensino médio, apesar de ter 1,77 metro e pesar 75 quilos. Quando o treinador de atletismo ficou com poucos saltadores de obstáculos, Bill se ofereceu. Como não conseguia pular alto o suficiente para passar por cima dos obstáculos, simplesmente passava direto por eles, machucando-se em todas as corridas até chegar aos torneios regionais. Na faculdade, jogou futebol americano na Universidade de Columbia, onde foi eleito capitão e se tornou o treinador principal, lutando durante seis temporadas consecutivas de derrotas. Qual era seu calcanhar de aquiles? Ele se importava demais com seus jogadores. Relutava em deixar no banco atletas que davam tudo de si e se recusava a pedir a seus astros que pusessem o esporte acima dos estudos. Estava lá para fazer com que seus jogadores fossem bem-sucedidos na vida, não no campo. Estava mais interessado no bem-estar deles do que em ganhar.

Quando Bill decidiu entrar para o mundo dos negócios, foram seus antigos colegas do futebol americano que lhe abriram as portas. Eles tinham certeza de que seu ponto fraco em um esporte de soma zero poderia ser um ponto forte em muitas empresas. E Bill acabou se destacando como executivo da Apple e CEO da Intuit. Toda vez que eu conversava com alguém no Vale do Silício que tinha uma reputação de generosidade incomum, ouvia a mesma coisa: que havia sido Bill Campbell quem lhe dera sua visão de mundo. Como eu não queria incomodar o próprio Bill, comecei a procurar seus pupilos. Logo tive uma enxurrada de telefonemas dos protegidos dele, que o descreviam como um pai e o comparavam a Oprah. As ligações geralmente acabavam comigo rabiscando uma dúzia de novos nomes de pessoas cuja vida Bill mudara, entre os quais Jonathan Rosenberg, um dos autores deste livro.

Quando entrei em contato com Jonathan, em 2012, ele tomou a liberdade de copiar Bill no e-mail. Bill não quis aparecer, fechando a porta daquele capítulo de meu livro – e de minha busca para descobrir como ele havia feito tanto bem para os outros ao mesmo tempo que se saía tão bem em seu próprio caminho. Desde então, eu me perguntava como ele havia florescido como doador em um campo que supostamente recompensa os recebedores, e o que poderíamos aprender com ele sobre liderança e gestão.

Fico feliz de dizer que finalmente, graças a este livro, tenho minhas respostas. *O coach de um trilhão de dólares* revela que, para ser um grande gestor, você precisa ser um ótimo treinador. Afinal, quanto mais alto você sobe, mais seu sucesso depende de fazer com que outras pessoas sejam bem-sucedidas. Por definição, é isso que os treinadores fazem.

Nos últimos dez anos, tive o privilégio de dar aulas em Wharton sobre a essência do trabalho em equipe e a liderança. O curso é baseado em pesquisas rigorosas, e fiquei impressionado ao ver como Bill Campbell brilhantemente antecipou as evidências. Ele vivia nos anos 1980 teorias que os especialistas nem sequer desenvolveriam (e muito menos validariam) até décadas mais tarde. Também fiquei surpreso com a quantidade de insights de Bill sobre gestão de pessoas e coaching de equipes que ainda hoje são válidos para um estudo sistemático.

Bill estava à frente de seu tempo. As lições de sua experiência são oportunas em um mundo colaborativo, no qual os destinos de nossas carreiras e empresas dependem da qualidade de nossos relacionamentos. Mas acredito que elas também são atemporais: a abordagem de Bill ao coaching funcionaria em qualquer época.

O coaching está em voga: antes, apenas atletas e artistas tinham coaches, mas agora temos líderes recebendo coaching executivo e funcionários aprendendo com coaching de oratória. A realidade, porém, é que um coach formal verá apenas uma fração dos momentos em que você poderia se beneficiar de feedback e orientação. Cabe a todos nós dar coaching a nossos funcionários, nossos colegas e até mesmo a nossos chefes.

Eu passei a acreditar que o coaching pode ser ainda mais essencial do que a mentoria para nossas carreiras e equipes. Os mentores distribuem palavras de sabedoria, ao passo que os coaches arregaçam as mangas e sujam as mãos. Eles não somente acreditam em nosso potencial, como entram na arena para nos ajudar a alcançá-lo. Eles colocam um espelho diante de nós para que possamos ver nossos pontos cegos e nos dão a tarefa de trabalhar nossos pontos fracos. Assumem a responsabilidade de nos fazer melhores sem levar o crédito por nossas realizações. E eu não consigo pensar em um modelo melhor para um coach do que Bill Campbell.

Eu não digo isso com leviandade. Tive a oportunidade de aprender com alguns coaches de elite – não apenas nos negócios, mas também nos esportes. Como praticante de salto ornamental, treinei com técnicos olímpicos, e, mais recentemente, como psicólogo organizacional, trabalhei com ótimos treinadores, como Brad Stevens, do Boston Celtics. Bill Campbell não pertence apenas a esse grupo de elite de excelentes treinadores; ele inventou sua própria categoria, porque era capaz de dar coaching a pessoas que faziam um trabalho que ele nem sequer entendia.

Em 2012, no mesmo ano em que desisti de escrever sobre Bill, fui convidado a dar uma palestra em um evento global do Google sobre como eu administraria a empresa como psicólogo organizacional. Visto que havia trabalhado durante alguns anos com a equipe pioneira de análise de pessoas do Google, era óbvio para mim que quase tudo de bom por lá acontecia em equipes. Esse foi meu argumento:

começar a tratar as equipes, não os indivíduos, como o componente fundamental da organização. Meus colegas do Google fizeram melhor: conduziram um importante estudo, que publicaram como Projeto Aristóteles, para identificar as características distintivas de suas equipes mais bem-sucedidas.

Os cinco fatores principais poderiam ter sido retirados do manual de Bill Campbell. As equipes excelentes do Google tinham segurança psicológica (as pessoas sabiam que, se assumissem riscos, seu gestor as protegeria), metas claras, pois cada papel era significativo, e os membros eram confiáveis e convictos de que a missão da equipe faria a diferença. Você verá que Bill era um mestre em estabelecer essas condições: ele fez esforços extraordinários para construir segurança, clareza, significado, confiabilidade e impacto em cada equipe que treinou.

Sheryl Sandberg e eu frequentemente lamentamos que as livrarias tenham uma seção de autoajuda, mas não uma de ajuda aos outros. *O coach de um trilhão de dólares* pertence a esta última seção: é um guia para mostrar o que há de melhor nos outros, por ser ao mesmo tempo solidário e desafiador e por fazer mais do que apenas falar sobre a importância de colocar as pessoas em primeiro lugar.

O que é mais notável na história de Bill Campbell é que, quanto mais você lê sobre ele, mais vê todos os dias oportunidades de se tornar mais parecido com ele. Há pequenas escolhas, como tratar a todos com dignidade e respeito. E há compromissos maiores, como dedicar um tempo a demonstrar interesse sincero pela vida das pessoas de sua equipe – a ponto de lembrar onde os filhos de cada uma estudam.

Bill Campbell não precisava nem queria a glória de ser descrito em um livro, quanto mais de ser o tema de um livro inteiro. Mas, para um homem que viveu sua vida espalhando seu conhecimento, revelar seus segredos me parece um tributo adequado.

Adam Grant

CAPÍTULO 1

O *caddie* e o CEO

Era um dia quente de abril de 2016; uma grande multidão se reunia no campo de futebol americano da Sacred Heart School, no coração de Atherton, Califórnia, para homenagear William Vincent Campbell Jr., que havia sucumbido recentemente ao câncer, aos 75 anos de idade. Bill era uma figura transcendente nos negócios de tecnologia desde que se mudara para a costa oeste dos Estados Unidos, em 1983, desempenhando um papel fundamental no sucesso da Apple, do Google, da Intuit e de várias outras empresas. Dizer que ele era imensamente respeitado seria um eufemismo grosseiro – amado seria mais adequado. Entre o público, estavam naquele dia dezenas de líderes em tecnologia – Larry Page, Sergey Brin, Mark Zuckerberg, Sheryl Sandberg, Tim Cook, Jeff Bezos, Mary Meeker, John Doerr, Ruth Porat, Scott Cook, Brad Smith, Ben Horowitz, Marc Andreessen. Tamanha concentração de pioneiros e poderosos desse mercado não costuma ser vista – pelo menos não no Vale do Silício.

Nós – Jonathan Rosenberg e Eric Schmidt – estávamos sentados na plateia, conversando baixinho; o sol suave contrastava com o clima sombrio. Nós dois havíamos trabalhado em estreita colaboração com Bill durante os quinze anos anteriores, desde que entramos no Google como CEO (Eric, em 2001) e diretor de produtos (Jonathan, em 2002). Bill havia sido nosso coach; reunia-se individualmente conosco a cada uma ou duas semanas para conversar sobre os vários desafios que enfrentávamos enquanto ajudávamos a desenvolver a empresa. Ele nos orientou como indivíduos e membros de equipe, trabalhando principalmente nos bastidores, enquanto o Google passava de uma peculiar startup a uma das empresas e marcas mais valiosas do mundo. Sem a ajuda de Bill, talvez nada disso tivesse acontecido. Nós o chamávamos de Treinador, mas também de amigo, e nisso éramos como praticamente todos ao nosso redor. Na verdade – como descobrimos mais tarde –, muitos dos presentes na plateia naquele dia – um público que chegava a mais de mil pessoas – consideravam Bill seu melhor amigo. Então, quem, entre todos esses melhores amigos, teria a honra de louvar nosso coach? Qual luminar da alta tecnologia subiria ao pódio?

O campeão de Homestead

Bill Campbell só chegou à Califórnia aos 40 e poucos anos, e começou sua carreira poucos anos antes disso. Na verdade, essa história de sucesso do Vale do Silício acumulou algumas realizações suficientes para vidas inteiras nesse período de setenta e cinco anos. Ele cresceu, beligerante e inteligente, na cidade do ferro, Homestead, no oeste da Pensilvânia, onde seu pai dava aulas de Educação Física na escola secundária local e trabalhava na usina. Bill foi um bom aluno e era muito esforçado. Astuto também: ele escreveu um editorial em abril de 1955, no jornal de sua escola, recordando a seus colegas estudantes que "não há nada mais importante para a vida futura" que boas notas. "Vadiar na escola pode acabar com as chances de sucesso de uma pessoa." Ele estava no primeiro ano, na época.

Astro do futebol americano na Homestead High, Bill saiu de casa no outono de 1958 para estudar na Universidade de Columbia, em Manhattan. Ele era um herói do futebol de aparência improvável, mesmo naquela época em que os jogadores tinham um tamanho muito mais comum que hoje: talvez 1,77 metro, 75 quilos (embora inscrito no programa com 82). Mas ele logo conquistou o respeito de treinadores e companheiros de equipe com seu jogo completo e sua inteligência em campo. Em seu último ano, no outono de 1961, Bill era o capitão do time, jogando praticamente todos os minutos de cada jogo como *linebacker* na defesa e *lineman* (guarda) no ataque. Ganhou honrarias da All-Ivy e ajudou a liderar a equipe para o título da Ivy League, o único na história de Columbia. O treinador do time, maravilhosamente chamado Buff Donelli, disse que Bill foi "uma imensa influência" na conquista do título. "Se ele tivesse 1,90 metro, pesasse 100 quilos e fosse profissional, seria o maior *lineman* que a liga já teve, uma bola de fogo. Mas ele pesa apenas 75 quilos. Nem no time da faculdade você encontra *linemen* tão pequenos. Normalmente, não dá para jogar futebol americano com garotos pequenos. Atitude em geral não é suficiente. Um treinador precisa de atitude e de jogadores."[1]

A atitude de Bill, naturalmente, era focada no time, e ele dizia que haviam sido bem-sucedidos "porque os jogadores trabalharam juntos e tinham um líder experiente".[2]

Compaixão demais

Bill não tinha muito dinheiro, de modo que para ajudar a pagar seus estudos em Columbia era motorista de táxi. Ele conhecia a cidade tão bem que, anos depois, sempre discutia com seu motorista e amigo de longa data Scotty Kramer sobre o melhor caminho a seguir. (Quando se tratava de andar por Nova York, ninguém questionava o Treinador, dizia Scotty.) Ele se formou em Columbia em 1962, em Economia, e concluiu o mestrado em Educação em 1964, quando migrou para o norte para ser treinador assistente de futebol americano no Boston

College. Bill foi um excelente treinador, e rapidamente passou a ser muito respeitado entre seus pares. Então, quando sua *alma mater*, Columbia, lhe pediu para voltar como treinador em 1974, ele aceitou. Embora o programa de futebol americano de Columbia fosse lamentável, a lealdade de Bill o levou de volta a Manhattan.

Bill (67) lidera o bloqueio para Columbia durante a vitória dos Lions sobre Harvard por 26 a 14 em 21 de outubro de 1961.[3]

(Um dos treinadores colegas de Bill, Jim Rudgers, conta que, antes de Bill "deixar seu coração levá-lo" de volta a Columbia, ele era considerado um dos melhores técnicos assistentes do país e teve a oportunidade de trabalhar na Penn State com Joe Paterno. Na época, Paterno era um dos melhores treinadores do país, e é provável que Bill continuasse prosperando na área se tivesse se juntado aos Nittany Lions. Na verdade, este livro poderia ter sido sobre Bill Campbell, uma lenda do futebol americano universitário, em vez de sobre Bill Campbell, a lenda do Vale do Silício. E para saber mais sobre ele, você pode pesquisar no seu buscador!)

Os colegas de equipe de Bill o carregam para fora do campo depois da vitória de Columbia sobre a Universidade da Pensilvânia por 37 a 6, em 18 de novembro de 1961. Essa vitória deu a Columbia seu primeiro campeonato da Ivy League.[4]

Apesar de seu grande talento como treinador, Bill não ganhou quando voltou a Columbia. Prejudicado por instalações miseráveis que ficavam a pelo menos trinta minutos de ônibus do campus no trânsito da tarde, uma administração que talvez não estivesse totalmente comprometida com o sucesso da faculdade e uma cidade em declínio geral, o Lions ganhou apenas 12 jogos sob seu comando, perdendo 41. A temporada em que ele esteve mais esperançoso foi a de 1978, quando o time começou com 3-1-1, mas, depois, foi esmagado no Giants Stadium, 69-0, por uma equipe muito maior (física e numericamente) da Universidade Rutgers. Na metade da temporada de 1979, Bill decidiu renunciar. Terminou a temporada e saiu.

Bill se esforçou tanto enquanto trabalhou em Columbia que, a certa altura, foi parar no hospital para se recuperar da exaustão. Recrutar jogadores era particularmente desafiador. Bill disse, mais tarde, que tinha que visitar uma centena de candidatos para que só 25 aparecessem. "Eu saía depois do treino, às 16h30, ia para Albany e voltava à noite. Bate e volta até Scranton." E acrescentou: "Só para conseguir estar de volta ao trabalho no dia seguinte".[5]

Seu fracasso, no entanto, não foi por falta de jogadores. Foi, segundo Bill, devido a compaixão demais. "Eu diria que você precisa [como treinador de futebol americano] de algo chamado dureza desapaixonada, e acho que eu não tinha isso. Você precisa não se preocupar com sentimentos. Tem que pegar pesado com tudo e com todos e ser quase insensível a sentimentos. Você substitui um garoto por outro; pega um rapaz mais velho e o substitui por um mais jovem. Essa é a natureza do jogo: sobrevivência do mais forte. Os melhores jogadores jogam. No meu caso, eu me preocupava com isso. Eu queria assegurar que os garotos entendessem o que estávamos fazendo. Acho que não fui severo o bastante."[6]

Bill pode estar certo ao acreditar que o sucesso como técnico de futebol americano depende do "desapego", mas, nos negócios, há crescentes evidências de que a compaixão é um fator-chave para o sucesso.[*7] E, como vimos mais tarde, esse conceito de levar a compaixão ao time funcionou muito melhor para Bill no mundo dos negócios que no campo de futebol.

Vamos rodar

Sua carreira no futebol americano estava acabada. Aos 39 anos, Bill entrou no mundo dos negócios aceitando um emprego na agência de publicidade J. Walter Thompson. Começou em Chicago, atendendo à Kraft, e alguns meses depois voltou para Nova York para atender à Kodak. Mergulhou no trabalho com sua paixão habitual,

---

*Um artigo de 2006 de Peter Frost, Jane Dutton, Sally Maitlis, Jacoba Lilius, Jason Kanov e Monica Worline contém um compêndio de pesquisas do último século que confirmam o alto valor da compaixão no local de trabalho e nas organizações.

impressionando tanto seus clientes em Rochester, Nova York, com seu conhecimento sobre as atividades da empresa que logo foi contratado por eles. Bill subiu depressa na Kodak, e em 1983 trabalhava em Londres como diretor de produtos para a Europa. Quando estava procurando emprego, em 1979, um de seus colegas do futebol americano de Columbia havia posto Bill em contato com John Sculley, então executivo sênior da PepsiCo. Bill não aceitara o emprego que John lhe oferecera na Pepsi, mas, em 1983, Sculley foi para o Vale do Silício como CEO da Apple, e pouco depois ligou para Bill a fim de perguntar se por acaso ele não estaria disposto a sair da Kodak e levar sua jovem família – ele havia se casado com Roberta Spagnola, uma reitora de Columbia, em 1976 – à costa oeste para trabalhar na Apple.

"Minha carreira estava embotada devido aos muitos anos como um estúpido treinador de futebol americano", disse Bill mais tarde. "Eu sentia que por causa do meu passado sempre estaria abaixo de meus pares e tentando compensar o atraso. Indo para o oeste selvagem e confuso, onde a coisa era mais uma meritocracia, eu teria chance de avançar depressa e chegar à equipe de gestão."[8] Avançou depressa, de fato. Depois de nove meses na Apple, Bill foi promovido a vice-presidente de vendas e marketing e recebeu a tarefa de supervisionar o lançamento do tão aguardado Macintosh, o novo computador da Apple que substituiria o Apple II como principal produto da empresa.

Para o lançamento, a empresa deu um grande passo: comprou tempo na televisão para passar um comercial durante o Super Bowl, que seria disputado em Tampa, Flórida, em 22 de janeiro de 1984. Assim que o anúncio foi produzido, Bill e sua equipe o mostraram ao cofundador da Apple, Steve Jobs. Era uma alusão ao livro de George Orwell, *1984*, e mostrava uma jovem correndo por um corredor escuro, fugindo de guardas, e surgindo em uma sala onde centenas de homens de cinza e cabeça raspada estavam ouvindo, como zumbis, a voz monótona de um "grande irmão" em uma ampla tela diante deles. Com um grito, ela jogava um enorme martelo na tela, fazendo-a explodir. Um narrador prometia que o Apple Macintosh nos mostraria por que "1984 não será como *1984*".*

Steve adorou o comercial. E. Floyd Kvamme, chefe de Bill na época, adorou o comercial. Bill adorou o comercial. Cerca de dez dias antes do jogo, eles o mostraram ao conselho diretor.

O conselho odiou o comercial. "É horrível" era a opinião geral; caro demais e muito controverso. Queriam saber se poderiam vender o tempo na televisão para outro anunciante. Era tarde demais para desistir? Alguns dias depois, uma das executivas de vendas da Apple disse a Bill e Floyd que havia conseguido arranjar um comprador para o intervalo. "O que você acha que deveríamos fazer?", Floyd perguntou a Bill.

"Foda-se! Vamos rodar", foi a resposta de Bill. Não contaram ao conselho ou a outros altos executivos que tinham um potencial comprador para o intervalo e veicularam o comercial. E ele se tornou não apenas o mais popular comercial do jogo, como também um dos mais famosos de todos os tempos, inaugurando a era em que as propagandas do Super Bowl se tornaram tão grandes quanto o próprio jogo. Em uma coluna do *Los Angeles Times* de 2017, foi chamado de "o maior comercial do Super Bowl de todos os tempos".[9] Nada mal para um "estúpido treinador de futebol americano" menos de cinco anos depois de sua última temporada.

Em 1987, a Apple criou uma empresa de software derivada chamada Claris e ofereceu a Bill o cargo de CEO. Ele aproveitou a oportunidade. A Claris foi bem, mas, em 1990, a Apple a colocou de volta no grupo como subsidiária, em vez de seguir o plano original de permitir que se tornasse uma empresa de capital aberto. Essa mudança levou Bill e vários outros executivos da Claris a sair. Foi uma decisão emocional, e, quando Bill partiu, diversos funcionários da Claris demonstraram sua gratidão a ele publicando um anúncio de página inteira no *San Jose Mercury News*. "Até breve, Treinador",

* Pesquise "comercial Apple 1984" em seu buscador favorito para ver o anúncio.

dizia a chamada. "Bill, sentiremos falta de sua liderança, de sua visão, sabedoria, amizade e espírito..." O anúncio continuava: "Você nos ensinou a andar com nossas próprias pernas. Você nos construiu para durar. E mesmo que você não esteja mais treinando nosso time, faremos o melhor para continuar sendo um orgulho para você". A Claris continuou sendo uma subsidiária da Apple até 1998.

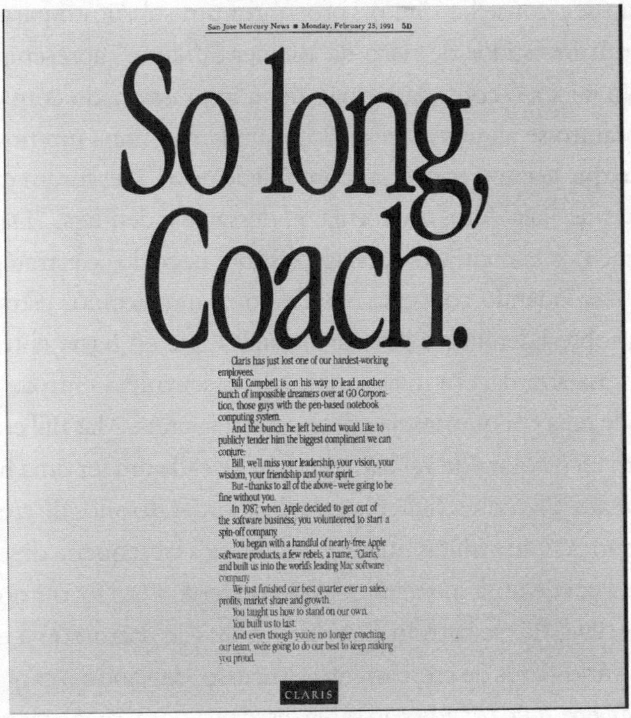

© Chris Gaede

Até breve, Treinador
A Claris acaba de perder um de seus funcionários mais dedicados.
Bill Campbell está indo liderar outro bando de homens que sonham com o impossível na GO Corporation, aqueles sujeitos do sistema de computador portátil que usa caneta.
E o grupo que ele deixou para trás gostaria de lhe oferecer publicamente o maior elogio que podemos conceber: Bill, sentiremos falta de sua liderança, de sua visão, sabedoria, amizade e espírito. Mas, graças a tudo isso, ficaremos bem sem você.
Em 1987, quando a Apple decidiu sair do mercado de softwares, você se ofereceu para começar uma empresa derivada dela.
Você começou com um monte de softwares grátis da Apple, alguns rebeldes e um nome – Claris –, e nos transformou na líder mundial de softwares para Mac. Acabamos de fechar nosso melhor trimestre em vendas, lucros, participação de mercado e crescimento.
Você nos ensinou a andar com nossas próprias pernas.
Você nos construiu para durar. E mesmo que não esteja mais treinando nosso time, faremos o melhor para continuar sendo um orgulho para você.

Bill se tornou CEO de uma startup chamada GO Corporation, que tentou criar o primeiro computador portátil com caneta do mundo (um precursor do PalmPilot e dos atuais smartphones). Foi uma visão ambiciosa, mas à frente de seu tempo, e a empresa fechou em 1994. "*GO didn't go*"*, Bill gostava de dizer.

Naquela época, o cofundador e CEO da Intuit, Scott Cook, juntamente ao seu conselho diretor, procurava um substituto para si. John Doerr, um investidor de risco da Kleiner Perkins,** apresentou Bill a Scott. No início, o cofundador não ficou impressionado com o treinador. Passaram-se alguns meses e Scott ainda não tinha um novo CEO, de modo que aceitou conversar com Bill de novo. Eles foram caminhar pelas ruas de Palo Alto, Califórnia, e, dessa vez, deu liga. "Da primeira vez que nos encontramos, falamos sobre negócios e estratégia", diz Scott. "Mas, quando conversamos de novo, esquecemos estratégias e falamos sobre liderança e pessoas. Aqueles que eu havia entrevistado tinham uma abordagem mais simples do desenvolvimento de pessoas. Você pode ter a cor que desejar, desde que seja preta. Mas Bill era um arco-íris em tecnicolor. Ele valorizava o fato de cada um ter uma história e um contexto diferentes. Sua maneira de abordar desafios de crescimento e liderança tinha muitas nuances e diferenças. Eu queria desenvolver nosso pessoal de uma maneira que não poderia, e Bill foi ótimo nisso."

Em 1994, Bill se tornou CEO da Intuit. Ele pastoreou a empresa durante vários anos de crescimento e sucesso, deixando o cargo definitivamente em 2000.*** Ele não sabia disso na época, mas estava prestes a entrar no terceiro capítulo de sua carreira, um retorno ao treinamento em tempo integral, mas não nos campos de futebol americano.

---

* Em portugês, "GO não decolou". Bill realizou um jogo de palavras com o nome da empresa e o verbo *to go* para dizer que o projeto fracassou.

** John é um dos investidores de risco de maior sucesso no Vale do Silício, tendo administrado os investimentos da Kleiner Perkins em empresas como Google, Amazon, Netscape, Sun, Intuit e Compaq.

*** Bill deixou o cargo de CEO da Intuit em julho de 1998 e retornou a ele em setembro de 1999, quando seu substituto, Bill Harris, decidiu renunciar. Permaneceu como CEO até o início de 2000.

Quando Steve Jobs foi forçado a sair da Apple, em 1985, Bill Campbell foi um dos poucos líderes da empresa a lutar contra sua saída. Dave Kinser, um colega de Bill na Apple daquela época, se lembra de ouvi-lo dizer: "Temos que manter Steve na empresa. Ele é talentoso demais para deixarmos que saia!". Steve não esqueceu essa lealdade. Quando voltou à Apple e se tornou CEO, em 1997, a maioria dos membros do conselho diretor renunciou, e Steve nomeou Bill como um dos novos diretores.* (Bill ficou no conselho da Apple até 2014.)

Steve e Bill se tornaram amigos íntimos; conversavam com frequência e passavam muitas tardes de domingo andando por Palo Alto discutindo todo tipo de assunto. Bill se transformou em um porto seguro para Steve em uma ampla variedade de assuntos, além de um coach, um mentor e um amigo. Mas Steve não era o único que usufruía do coaching de Bill. De fato, mesmo tendo abandonado o futebol americano em 1979, o "Treinador" nunca parou de treinar. Ele estava sempre disponível para conversar com amigos, vizinhos, pais de colegas da escola de seus filhos; dava-lhes um abraço, escutava o que estava acontecendo e normalmente inventava uma história que os ajudava a ganhar perspectiva, a extrair algum ensinamento ou a tomar uma decisão.

Então, quando Bill deixou o cargo de CEO da Intuit em 2000 (permaneceu como presidente até 2016) e passou a procurar seu próximo desafio, John Doerr o convidou para a Kleiner Perkins, a venerável empresa de capital de risco, para ser coach das companhias de seu portfólio. As empresas de capital de risco em geral têm "empreendedores residentes", tecnologistas brilhantes, normalmente jovens, que trabalham nas firmas enquanto pensam em sua próxima grande ideia. *Por que não ter um executivo residente?*, pensou John. *Alguém experiente em operações e estratégia, para ajudar as startups da empresa durante os altos e baixos do crescimento (ou na falta dele)*. Bill concordou e se estabeleceu na Sand Hill Road.

* Tecnicamente, Steve foi "CEO interino" da Apple de 1997 até janeiro de 2000, quando tirou o "interino" de seu título.

O coach do Google

Um dia, em 2001, uma startup local, dirigida por dois garotos de Stanford, decidiu contratar um CEO "profissional": Eric Schmidt. Eric havia construído as operações de software na Sun Microsystems e fora CEO e presidente da Novell. John Doerr disse a Eric que este precisava de Bill Campbell como seu coach. Eric conhecera Bill quando o CEO da Sun, Scott McNealy, tentara contratá-lo, e ficara impressionado com suas realizações e energia. Certa vez, quando Bill entrou no escritório da Sun para uma reunião, comentou que tinha acabado de chegar de uma viagem de um dia para o Japão! Isso deixou Eric muito impressionado.

Mas, ainda assim, Eric era um homem legitimamente orgulhoso, e a sugestão de Doerr o ofendeu. Naquela época, ele já era um peixe grande: CEO da Novell, ex-CTO da Sun, mestre e PhD em Ciências da computação pela Universidade da Califórnia e bacharel em Ciências por Princeton. Isso é muita coisa; o que aquele bronco da Pensilvânia – um ex-treinador de futebol americano! – poderia ter para lhe ensinar?

Muito, na verdade. Em menos de um ano, uma autoavaliação de Eric mostrou quanto sua opinião havia mudado: "Bill Campbell tem sido muito útil como coach para todos nós", escreveu. "Em retrospectiva, seu papel era necessário desde o começo. Eu deveria ter incentivado essa estrutura mais cedo; em termos ideais, no momento em que entrei no Google."

Durante quinze anos Bill se encontrou com Eric quase toda semana. E não só com Eric: ele foi coach de Jonathan, Larry Page e vários outros líderes do Google. Comparecia à reunião de equipe de Eric toda semana e era uma presença frequente no campus da empresa em Mountain View, Califórnia (que, convenientemente, ficava perto do campus da Intuit, da qual Bill ainda era presidente).

Durante esses quinze anos, os conselhos de Bill foram profundamente influentes. Não que ele nos dissesse o que fazer – longe disso.

Se Bill tinha opiniões sobre produtos e estratégias, normalmente as guardava para si. Mas ele se assegurava de que a equipe se comunicasse, de que as tensões e discordâncias fossem trazidas à tona e discutidas, de modo que, quando as grandes decisões fossem tomadas, todos estivessem a bordo, concordando ou não. Podemos dizer, sem dúvida, que Bill Campbell foi uma das pessoas mais vitais para o sucesso do Google. Sem ele, a empresa não estaria onde está hoje.

Isso seria suficiente para quase qualquer um, mas não para Bill. Enquanto trabalhava com a equipe sênior do Google e com Steve Jobs, da Apple, ele também estava ajudando muitos mais. Ele foi coach de Brad Smith, ex-CEO da Intuit. De John Donahoe, ex-CEO do eBay. Do ex-vice-presidente dos Estados Unidos Al Gore. De Dick Costolo, ex-CEO do Twitter. De Mike McCue, CEO da Flipboard. De Donna Dubinsky, CEO da Numenta. De Nirav Tolia, CEO da Nextdoor. De Lee C. Bollinger, presidente da Universidade de Columbia. De Shellye Archambeau, ex-CEO da MetricStream. De Ben Horowitz, sócio da empresa de capital de risco Andreessen Horowitz. Foi treinador dos meninos e meninas dos times de *flag football** da Sacred Heart. Foi coach de Bill Gurley, sócio da empresa de capital de risco Benchmark. Da lenda da NFL, Ronnie Lott. De Danny Shader, CEO da Handle Financial. De Sundar Pichai, CEO do Google. De Dan Rosensweig, CEO da Chegg. De Charlie Batch, um colega também natural de Homestead e ex-*quarterback* do Pittsburgh Steelers. De Jesse Rogers, diretor administrativo da Altamont Capital Partners. De John Hennessy, ex-presidente da Universidade de Stanford. De Sheryl Sandberg, COO do Facebook.

Ballsy e Bruno

E quando chegou a hora de louvar Bill em seu memorial, nenhuma dessas pessoas subiu ao pódio. Na verdade, o primeiro a pegar o

* *Flag football* é uma variação do futebol americano. (N. T.)

microfone naquele dia foi um colega de time de Bill na faculdade, Lee Black. Lee começou a falar sobre seu amigo "Ballsy", que nós descobrimos que era ninguém menos que Bill.

Quando Bill apareceu em Columbia, era o menor garoto do time, mas demonstrou ser o mais combativo nos treinos de ataque e bloqueio. Ele era derrubado uma vez atrás da outra, mas se levantava e fazia de novo. Um dia, estavam no ônibus indo treinar quando Lee disse: "Campbell, você tem colhões [*balls*]". Todo mundo no time tinha apelidos, e, a partir de então, "Ballsy" passou a ser o de Bill. Mesmo quando foi nomeado capitão do time em sua temporada como sênior, ele nunca foi chamado de capitão, mas sempre de Ballsy. De fato, o Campbell Sports Center, em Columbia, que abriga um espaço de fortalecimento e condicionamento, salas de reunião para atletas estudantis e salas para treinadores, às vezes é chamado de "Balls Hall", pelo menos dentro da comunidade do futebol americano.

Aprendemos muito sobre Bill naquele dia, mas porém mais surpreendente que o fato de que esse grande líder empresarial, esse CEO, confidente de Steve Jobs, campeão da Ivy League, treinador de futebol americano de Columbia e presidente do conselho, pai de dois filhos e padrasto de três,* ganhou o honorífico "Ballsy" por causa de seu jeito agressivo de jogar. Afora seus colegas de Columbia, ninguém jamais havia ouvido esse apelido de Bill. Mas isso fazia sentido.

Na plateia havia pessoas de diferentes esferas da vida de Bill. Scotty Kramer, seu motorista e amigo de longa data, de Nova York, foi até a Califórnia, bem como Danny Collins, garçom de um dos seus restaurantes favoritos em Nova York, o Smith & Wollensky. Jim Rudgers, treinador de futebol universitário aposentado que trabalhou com Bill em Columbia e de quem este foi padrinho de casamento, odeia andar de avião, mas não poderia perder o funeral de

* Bill e Roberta se divorciaram em 2009. Ele se casou com Eileen Bocci em 2015.

Bill, de modo que atravessou o país de carro saindo de Rhode Island. Havia o clã de futebol americano de Bill de Columbia, homens com quem ele jogara, homens que ele treinara. Os jogadores de futebol americano de Stanford que passavam o verão na casa dos Campbell. Os funcionários do Old Pro, o pub de Palo Alto que Bill frequentava e do qual era um dos donos. Os amigos que levava em suas viagens anuais para o Super Bowl, nas viagens anuais ao Cabo, e os que levava em suas viagens de beisebol anuais para Pittsburgh e outros locais na costa leste. Porque esse não era um encontro de profissionais que conheciam Bill mais ou menos e foram prestar seus sentimentos e fazer networking. Era um encontro de pessoas que amavam Bill.

Entre eles estava Bruno Fortozo, o *caddie* regular de Bill no El Dorado Golf, em Cabo San Lucas, onde o Treinador jogava quando ia a sua casa de férias lá. Bill, Bruno e suas famílias se tornaram amigos ao longo dos anos, curtindo muitos bate-papos no campo e em jantares em restaurantes ao redor do Cabo. "Com a maioria dos clientes, isso não acontece", diz Bruno, "mas Bill era um sujeito muito feliz. Ele era legal com todo mundo".

Bill havia recebido Bruno, junto com sua esposa e filhos, em suas casas de Palo Alto e de Montana alguns anos antes, quando o clã Fortozo fora para o norte em busca de férias. Então, não havia como Bruno faltar ao memorial de Bill. Quando ele chegou à Sacred Heart naquela tarde, foi conduzido para a frente, perto da família de Bill. "Eu fiquei sentado logo atrás do Sr. Cook e de Eddy Cue, da Apple", diz ele, "e bem ao lado de um sujeito, esqueci o nome dele. Acho que ele é diretor do Google".

Bill Campbell era conhecido por muitas coisas, mas talvez sua característica mais notável, sua assinatura, fosse o abraço. Bill abraçava todo mundo. Quando a Microsoft anunciou sua proposta de aquisição da Intuit em um evento público em outubro de 1994, Bill atravessou o palco e deu um grande abraço em Bill Gates (que não era lá muito habilidoso com isso). (Mais tarde, o acordo foi desfeito. A causalidade entre o abraço e o fracasso do negócio nunca foi provada.) Bill nunca foi de abraços fracos, cheios de formalidade, sem toques e sem vontade, nem de beijinhos no ar. Não, ele abraçava como um urso. Ele abraçava com vontade. E quando Lee chegou ao fim de suas palavras, olhou para o público e convidou todos a se abraçarem e deixarem Bill orgulhoso.

Foi assim que Larry Page, cofundador do Google e CEO da Alphabet, abraçou Bruno Fortozo, o *caddie* de Cabo San Lucas. "O Sr. Campbell trata todo mundo da mesma maneira", disse Bruno. "Eu não sabia quem eram todas aquelas pessoas ao meu redor; eram apenas amigas de Bill." O que foi uma homenagem a Bill tão boa quanto qualquer outra palavra dita naquele dia.

Lee foi seguido por Pat Gallagher. Pat é uma pessoa altamente talentosa, ex-executivo sênior do San Francisco Giants e uma das mais admiradas mentes dos negócios esportivos do país. Seus trinta e três anos nos Giants acabaram em 2009; segundo ele, uma mudança que levou o time diretamente aos títulos da World Series em 2010, 2012 e 2014. Mas ele não recebeu a honra de homenagear Bill por causa de seu currículo ou *pedigree*. Ele conquistou tal honra graças à amizade. Ele e Bill haviam sido vizinhos em Palo Alto; conheceram-se pouco depois de Bill e Roberta se mudarem para a costa oeste, em meados dos anos 1980, e construíram uma amizade do tipo que vizinhos assim constroem: sendo treinadores esportivos de jovens juntos, reunindo-se com as famílias do time para tomar cerveja e comer hambúrguer, brincando com as crianças no parque, caminhando pelo bairro e organizando jantares. Amigos que permanecem verdadeiros entre muitos altos e alguns baixos.

Como Pat disse naquele dia, "a maioria de nós tem um círculo de amigos e conhecidos que vêm e vão através dos anos. E também temos um subconjunto muito menor de amigos próximos e família. E um número ainda menor, que talvez dê para contar com um ou dois dedos, que são nossos melhores amigos. Melhores amigos são aqueles com quem você pode conversar sobre qualquer coisa sem precisar se preocupar com nada. Você sabe que sempre poderá contar com eles. Bill Campbell era meu melhor amigo. Eu sei que há cerca de 2 mil outras pessoas que o consideravam seu melhor amigo também. Mas tudo bem, porque, de alguma forma, Bill arranjava tempo para cada um de nós. Ele tinha os mesmos dias de vinte e quatro horas que todo mundo tem, mas arranjava tempo para estar sempre presente para todos. Para Bill, não importava sua posição na lista de amigos; você sempre podia contar com ele, independentemente de qualquer coisa".

Quando o memorial chegou ao fim e as pessoas foram se juntando para conversar, Philipp Schindler foi procurar Eric. Philipp cuida da parte comercial do Google e foi um dos Googlers influenciados por Bill durante vários anos. Poucas semanas antes, Philipp participara de um seminário de treinamento no Google, no qual Bill estava ensinando seus princípios de gestão a um grupo de executivos da empresa para que eles pudessem passá-los à próxima geração. Mas Bill partiu, e Philipp queria ajudar a passar seus princípios aos outros – não apenas no Google, mas a todos. Quando viu Eric, perguntou-lhe: "Por que não pegamos a incrível sabedoria que Bill nos passou e a transformamos em algo que possamos compartilhar com o resto do mundo? Nós tivemos o grande privilégio de trabalhar com uma lenda da gestão. Tudo isso pode ficar perdido se não fizermos alguma coisa".

O coach de um trilhão de dólares

Bill Campbell foi um coach de um trilhão de dólares. Na verdade, um trilhão de dólares subestima o valor que ele criou. Ele trabalhou lado a lado com Steve Jobs para levar a Apple da beira da falência a uma capitalização de mercado de várias centenas de bilhões de dólares. Trabalhou lado a lado com Larry Page, Sergey Brin e Eric para transformar o Google (agora a Alphabet) de uma startup a uma capitalização de mercado que também atinge várias centenas de bilhões de dólares. Isso já dá mais de um trilhão de dólares, sem incluir as inúmeras outras empresas que Bill aconselhou. Por essa medida, Bill foi o maior coach executivo que o mundo já viu. Mas não um coach executivo no molde tradicional, trabalhando unicamente para maximizar o desempenho dos indivíduos. Bill treinava equipes.

Depois que Bill faleceu, o Google começou a transmitir seus princípios a líderes emergentes por meio de seminários internos. Então, quando – incentivados por Philipp – começamos a pensar em escrever um livro sobre Bill, logo rejeitamos a ideia de fazer uma hagiografia.* Afinal, como Bill teria dito (em linguagem mais colorida), quem ia querer ler sobre a vida de um homem estúpido de Homestead, Pensilvânia? Nós desconhecemos, mas o que sabemos é que a abordagem de Bill ao coaching, tanto do "quê" quanto do "como", foi única e incrivelmente – *um trilhão de dólares!* – bem-sucedida. Isso é algo necessário no mundo dos negócios de hoje, quando o sucesso depende de movimentos rápidos e de estarmos constantemente criando recursos, produtos e serviços inovadores.

Em nosso livro anterior, *Como o Google funciona*, argumentamos que existe uma nova geração de funcionários, os criativos inteligentes, que é essencial para alcançar essa velocidade e inovação. O criativo inteligente é alguém que combina profundidade técnica com habilidade empresarial e estilo criativo. Essas pessoas sempre existiram, mas, com o advento da internet, dos smartphones, da computação na nuvem e de todas as suas inovações, elas podem ter um impacto muito maior, como nunca antes. Para que as empresas tenham sucesso, elas têm de desenvolver constantemente ótimos produtos, e, para isso, precisam atrair criativos inteligentes e construir um ambiente no qual esses funcionários possam ser bem-sucedidos em grande escala.

---

* Uma hagiografia é uma biografia que idealiza o protagonista. Jonathan e Alan tiveram que pesquisar quando Eric disse que não era o que iríamos escrever.

Enquanto fazíamos pesquisas para este livro e conversávamos com as dezenas de pessoas a quem Bill dera coaching executivo, percebemos que essa tese não leva em conta uma importante peça do quebra-cabeça do sucesso nos negócios. Existe outro fator igualmente crítico para o sucesso nas empresas: equipes que atuam como *comunidades*, integrando interesses e deixando de lado as diferenças para serem individual e coletivamente obcecadas com aquilo que é bom para a empresa. Pesquisas mostram que quando as pessoas sentem, no trabalho, que fazem parte de uma comunidade que as apoia, ficam mais engajadas em seus empregos e mais produtivas. Por outro lado, a falta de comunidade é um fator preponderante na exaustão por trabalho, o *burnout*.[10]

Mas, como qualquer um que já tenha feito parte de equipes de alta performance pode dizer, os grupos nem sempre operam dessa maneira. Essas equipes são, por natureza, formadas por pessoas inteligentes, agressivas, ambiciosas, determinadas e obstinadas, e com grandes egos. Elas podem trabalhar juntas, mas também podem ser rivais, competindo pelo avanço na carreira. Ou, se forem executivos, muitas vezes colocam seus setores uns contra os outros – em "conflitos de status" – para captar mais recursos e glória. Talvez as pessoas queiram subir para o nível seguinte, e é muito tentador perseguir esse objetivo paralelamente ou acima da meta de sucesso da equipe. Com muita frequência a competição interna ocupa o centro do palco, e a compensação, os bônus, o reconhecimento e até mesmo o tamanho e a localização do escritório se tornam meios de manter a pontuação. Isso é um problema: em um ambiente desses, os indivíduos egoístas podem vencer os altruístas. Esse tipo de conflito "intragrupo" nas equipes, segundo vários estudos (e o senso comum), terá efeitos negativos em seus resultados.[11]

Mas equipes de pessoas que subordinam o desempenho individual ao grupal em geral superam as que não o fazem. O truque, então, é encurralar uma "equipe de rivais" em uma comunidade e colocá-los em fila marchando em direção a um objetivo comum.

Um artigo de 2013 apresenta um conjunto de "princípios de design" para isso, como o desenvolvimento de mecanismos fortes para tomar decisões e resolver conflitos.[12] Mas aderir a esses princípios é difícil, e fica ainda pior quando se acrescentam fatores como mercados em rápido movimento, modelos de negócios complexos, mudanças impulsionadas pela tecnologia, competidores inteligentes, altas expectativas do cliente, expansão global, colegas de equipe exigentes... em outras palavras, a realidade de gerir negócios hoje. Como diz nosso colega Patrick Pichette, ex-CFO do Google, quando você tem todos esses fatores em jogo *e* uma equipe de pessoas inteligentes, competitivas, decididas e ambiciosas, ocorre uma imensa "tensão na máquina". Essa tensão é boa; se ela não existir, você vai desaparecer na irrelevância. Mas ela também dificulta o cultivo da comunidade, e a comunidade é necessária para cultivar o sucesso.

Para equilibrar a tensão e moldar uma equipe em forma de comunidade, você precisa de um coach, alguém que trabalhe não apenas com indivíduos, mas também com o grupo como um todo para suavizar a tensão permanente, nutrir constantemente a comunidade e garantir que ela esteja alinhada com uma visão comum e um conjunto de metas. Às vezes, esse coach pode trabalhar somente com o líder da equipe, o executivo responsável. Mas, para ser mais eficaz – e esse era o modelo de Bill –, o coach trabalha com a equipe toda. No Google, Bill não se reunia só com Eric. Ele trabalhava com Jonathan e várias outras pessoas e comparecia às reuniões da equipe de Eric regularmente. Pode ser difícil para um executivo aceitar isso – ter um "coach" envolvido em suas reuniões de equipe e outras coisas pode parecer um sinal de falta de confiança. Um estudo de 2014 descobriu que os gestores mais inseguros são os que se sentem ameaçados pelas sugestões de outros (em outras palavras, pelo coaching).[13] Por outro lado, aceitar publicamente um coach pode ser um sinal de confiança. E um artigo de 2010 observa que "coaching em grupo" é eficaz, mas, em geral, subutilizado como uma forma de melhorar o desempenho da equipe ou do grupo (que os autores chamam de "mudança com foco em metas").[14]

No Google, Bill andava pelos corredores e conhecia as pessoas. Sua alçada não era apenas Eric e alguns indivíduos mais, era a equipe. Ele fez toda a equipe melhorar. Quando pensamos no que Bill realizou, é incrível que não haja mais ex-treinadores esportivos ganhando destaque no mundo dos negócios. Muitos deles escreveram livros que oferecem lições que vão além do esporte, mas poucos dos que tiveram sucesso em sua área também foram bem-sucedidos como operadores de negócios. Não foi por acaso que Bill Campbell passou a primeira década de sua carreira como treinador de futebol americano, talvez o esporte de equipe por excelência. No futebol americano, quando os colegas de equipe não trabalham bem juntos, não só o time perde, como também as pessoas podem se machucar. Ao longo daqueles anos jogando e treinando, Bill aprendeu que grandes equipes precisam trabalhar juntas, e soube como fazer isso acontecer. Não só no campo, mas em escritórios, corredores e salas de reunião. Ele passou a dominar a arte de identificar tensões entre colegas de equipe e descobrir como resolvê-las.

Toda equipe esportiva precisa de um treinador, e os melhores treinadores transformam times bons em ótimos. O mesmo acontece nos negócios: qualquer empresa que queira ter sucesso em um momento em que a tecnologia já inundou todos os setores e a maior parte dos aspectos da vida do consumidor, em que a velocidade e a inovação são fundamentais, deve ter o coaching de equipe como parte de sua cultura. O coaching é a melhor maneira de transformar pessoas eficazes em equipes poderosas.

O problema é que não é possível nem prático contratar um coach para cada equipe de uma empresa, ou só para as equipes executivas. As perguntas são inúmeras: onde encontrar os coaches? Quanto isso custaria? Mas o mais importante é que não daria certo. Quando conversamos com as dezenas de pessoas que haviam trabalhado com Bill, algo novo e surpreendente começou a surgir.

Sim, Bill fez coaching com elas, como havia feito conosco, abordando como lidar com inúmeras situações e desafios na vida e nos negócios. Mas por meio desse coaching ele também mostrou a elas como treinar seus funcionários e equipes, o que as transformou em gestoras e líderes muito mais eficazes. Repetidas vezes, elas notam que, sempre que enfrentam uma situação interessante, se perguntam: o que Bill faria? E nós percebemos que também fazemos isso. O que Bill faria? Como o Treinador lidaria com essa situação?

Não é possível nem prático contratar um coach para cada equipe da empresa, nem é a resposta certa, porque o melhor coach para qualquer equipe é o gestor que a lidera. Ser um bom coach é essencial para ser um bom gestor e líder. O coaching não é mais uma especialidade; você não pode ser um bom gestor sem ser um bom coach. Segundo um estudo de 1994, é preciso ir além da "noção tradicional de gestão, focada no controlar, supervisionar, avaliar e recompensar/punir" para criar um clima de comunicação, respeito, feedback e confiança. Tudo por meio do coaching.[15]

Muitas das outras habilidades de gestão podem ser delegadas, mas não a de coaching. Foi basicamente isso que Bill nos ensinou. O caminho do sucesso em um mundo de negócios dinâmico, altamente competitivo e movido a tecnologia consiste em formar equipes de alta performance e dar-lhes recursos e liberdade para fazer grandes coisas. E um componente essencial de equipes de alta performance é um líder que é tanto um gestor experiente quanto um coach atencioso. E nisso Bill Campbell foi o melhor de todos os tempos.

Neste livro, examinaremos *o quê* Bill abordou em seu coaching – que coisas ele disse às pessoas – e *como* o fez – qual era sua abordagem. Nós dividimos o quê e o como em quatro seções: como Bill dominava as habilidades de gestão, fosse em reuniões individuais e de equipe, fosse com funcionários desafiadores; como ele construiu a confiança com as pessoas com quem trabalhava; como construiu e criou equipes; e, finalmente, como fez com que fosse legal levar o amor ao local de trabalho. Sim, você leu direito: dissemos *amor*. Quando relevante, fazemos referência a uma seleção de vários estudos acadêmicos e artigos que dão suporte às técnicas de Bill. Tanto o quê quanto o como podem parecer tão simples a princípio que são praticamente aforismos. Mas, como qualquer líder experiente sabe, podem ser simples na teoria, porém difíceis na prática.*[16]

Tão difíceis, na verdade, que, quando estávamos escrevendo este livro, às vezes nos perguntávamos se Bill era tão único que ninguém mais poderia combinar o quê e o como da maneira como ele fez. Acaso estávamos criando um "manual" para ensinar os gestores a ser coaches melhores que somente uma pessoa no mundo – que agora, infelizmente, não está mais aqui – poderia efetivamente usar?

Nossa conclusão foi não. Existiu apenas um Bill Campbell, talvez o indivíduo mais extraordinário que tivemos o prazer e a honra de conhecer e de ter como amigo. Mas muito do quê e do como de seu coaching, acreditamos, pode ser replicado por outros. Se você é gestor, executivo ou qualquer outro tipo de líder de equipes, em qualquer tipo de empresa ou organização, pode ser mais eficaz e ajudar sua equipe a ter uma performance melhor (e ser mais feliz) tornando-se o coach dessa equipe. Os princípios de Bill ajudaram todos nós e muitos outros a fazer isso; acreditamos que podem ajudá-lo também.

Existiu somente um Treinador Bill. Mas este livro – esperamos – traz seus conhecimentos de uma maneira que os torna disponíveis aos líderes atuais e futuros, para que eles possam se beneficiar da sabedoria e do humanismo de Bill tanto quanto puderam as pessoas que o conheceram. Como Ben Horowitz coloca: "Não dá para ser como Bill, porque ninguém pode ser como ele. Mas eu aprendi com ele como melhorar, chegar a um nível mais alto de honestidade, a uma compreensão melhor das pessoas e da gestão".

---

* Um estudo de 2010 da Curtin University of Technology, de Perth, Austrália, cita vários modos de fracasso para gestores que atuam como coaches, incluindo não ter tempo suficiente, acreditar que as pessoas não podem ser desenvolvidas e uma percepção de que o coaching não está alinhado com os resultados finais.

Não faça merda

Ao escrever este livro, entrevistamos dezenas de pessoas cuja vida foi profundamente tocada por Bill, de uma forma ou de outra. Amigos de infância, companheiros de time de Columbia, jogadores que ele treinou no Boston College e em Columbia, treinadores de futebol americano, colegas da Kodak, da Apple, da Claris, da GO e da Intuit, executivos a quem deu coaching, jogadores de Stanford que regularmente ficavam em sua casa em Palo Alto, família, amigos, e até crianças do time de *flag football* da Sacred Heart. Muitos deles se emocionaram durante a entrevista. Bill criou esse nível de amor e devoção nas pessoas cuja vida tocou. Foi-nos confiado um legado, e sabemos que este livro é importante para todos que amavam Bill.

Bill era um homem deliciosamente profano. Ele usava a palavra merda o tempo todo, quase como se fosse uma nova parte do discurso, não verbo, advérbio, adjetivo, pronome ou substantivo, mas uma palavra de categoria própria. Certa vez, Jonathan enviou a Bill um estudo que encontrou que dizia que xingar no local de trabalho aumenta o ânimo. A resposta incomum de Bill foi: "Esse é bom para mim!".*

Mas, como Pat Gallagher disse em sua homenagem, "Quando Bill fazia isso, não pareciam palavrões. [...] Vamos ver agora o que Deus acha. Bill está lá no céu há uma semana... É possível para o Senhor usar seu próprio nome em vão?". Pat contou que, pouco antes de sua morte, Bill lhe pediu para fazer a homenagem em seu funeral, mas com uma advertência: "Não faça merda!".

* Existem inúmeros estudos que relatam os efeitos favoráveis do palavrão no local de trabalho: entre outras coisas, é bom para aliviar o estresse, para a honestidade, a integridade e a criatividade. Mas, antes de sair xingando por aí, você também precisa saber que outros estudos mostram que as pessoas que dizem palavrões em geral são consideradas menos confiáveis e não tão inteligentes. Além disso, provavelmente sua mãe não gosta que você xingue.

Não sabemos se Bill teria gostado muito da ideia deste livro. Ele preferia atuar nos bastidores, evitava os holofotes quando se voltavam para ele e rejeitava várias sondagens de possíveis escritores e agentes literários. Mas, no fim de sua vida, achamos que ele estava começando a mudar de ideia. Ele não teria gostado de uma biografia, mas talvez pensasse que um livro que codificasse sua abordagem ao coaching empresarial poderia ser útil para transmitir para outras empresas seu legado de sucesso na Apple, na Intuit, no Google e afins. Pode não ser uma ideia tão ruim, afinal. Nós o imaginamos lá no céu, recostado, balançando a cabeça e se acostumando com a ideia. Daí ele se inclina para a frente com um grande sorriso no rosto e diz, com sua voz rouca: "Não façam merda!".

Faremos nosso melhor, Treinador.

CAPÍTULO 2

Seu título faz de você um gestor. Seu pessoal faz de você um líder

Em julho de 2001, o Google estava chegando a seu terceiro aniversário e havia lançado recentemente o Google AdWords, que logo o impulsionaria até a estratosfera. A empresa tinha centenas de funcionários, incluindo muitos engenheiros de software trabalhando sob a liderança de Wayne Rosing, um ex-executivo da Apple e da Sun que havia entrado na empresa seis meses antes. Wayne não estava satisfeito com o desempenho de seu grupo de gestores. Eles eram ótimos engenheiros, mas não bons gestores. Então, falou de suas preocupações com Larry e Sergey, e eles tiveram uma ideia um tanto radical, que levaram a Eric. Eles se livrariam de todos os gestores do setor de engenharia. Wayne e Eric decidiram chamar isso de "desorg": todos os engenheiros de software se reportando diretamente a Wayne.

Larry e Sergey adoraram a ideia. Nenhum dos dois jamais havia trabalhado em uma empresa formal, e ambos gostavam do ambiente menos estruturado de uma universidade, onde os estudantes se juntam para elaborar projetos, muitas vezes sob os auspícios de um orientador, e ninguém é "gerido". Provenientes do mundo acadêmico, eles sempre foram céticos em relação ao papel de um gestor. Por que você precisa de um gestor? Por que não deixar esses engenheiros supertalentosos trabalharem em um projeto e, quando ele estiver pronto, ou a parte deles estiver concluída, escolherem outro projeto? Se os executivos da empresa precisam saber do andamento de um determinado projeto, por que conversar com um gestor que pode não estar participando do trabalho? Por que não falar diretamente com o engenheiro? Não interessa se o primeiro gestor do mundo foi criado poucos minutos depois da criação da primeira empresa.* Esse era o Google, onde a convenção não tinha vez.

E assim começou a experiência do Google de gerir uma equipe de desenvolvimento de produtos sem gestores. Isso foi bem na época em que Bill começou a trabalhar na empresa. Larry e Sergey estavam começando a se acostumar a trabalhar ao lado de Eric e já tinham outro recém-chegado por perto. Bill não teve pressa; foi conhecendo Eric, Larry, Sergey e outros membros da equipe executiva, principalmente aparecendo no fim da tarde, quando as coisas estavam mais descontraídas. Ele passava o tempo conversando com as pessoas sobre o que elas estavam fazendo e sua visão da empresa, conhecendo o Google e sua cultura.

Durante uma dessas conversas, Bill comentou com Larry: "Precisamos de alguns gestores aqui". Larry ficou perplexo. Afinal, ele havia acabado de se livrar de todos os gestores e estava bem feliz. Por que uma empresa de centenas de funcionários, que entrega um produto que acabaria gerando uma receita de bilhões, precisa de gestores? Não ficaríamos melhor sem eles? Isso continuou por um tempo, argumentos indo e voltando, os dois firmes em suas convicções. Por fim, Bill seguiu o modelo de Larry e sugeriu que fossem apenas conversar com os engenheiros. Ele, Larry e Sergey vagaram pelo corredor até encontrar dois engenheiros de software trabalhando. Bill perguntou a um deles se ele queria um gestor.

* Se não antes da primeira empresa! Como Peter Drucker astutamente apontou, o maior gestor de todos os tempos provavelmente foi "o sujeito que administrou a construção da primeira pirâmide no Egito, há quatro mil e quinhentos anos".

"Sim" foi a resposta.

Por quê?

"Quero alguém com que eu possa aprender e discutir."

Eles conversaram com vários engenheiros de software naquela noite, e a maioria das respostas foi semelhante. Esses engenheiros *gostavam* de ter um gestor, desde que fosse alguém com quem pudessem aprender alguma coisa e que os ajudasse a tomar decisões. Bill estava certo! Mas demorou um pouco para convencer os fundadores: a engenharia do Google continuou no modo "desorg" por mais de um ano. Mas, por fim, cedemos e trouxemos os gestores de volta perto do fim de 2002.

De fato, as pesquisas acadêmicas encontram mérito nas duas abordagens. Um estudo de 1991 descobriu que uma empresa, quando está no estágio de implementação de uma inovação (como no momento em que o Google estava desenvolvendo seu mecanismo de pesquisa e o Google AdWords), precisa de gestores para ajudar a coordenar recursos e resolver conflitos. No entanto, um estudo de 2005 apontou que a criatividade floresce mais em ambientes – como os shows da Broadway – mais focados em relações do que nos hierárquicos. Portanto, sempre há tensão entre criatividade e eficiência operacional.[1]

Para Bill, ser executivo de uma empresa de sucesso tem a ver com gestão, com a criação de excelência operacional. Como gestor e CEO, Bill sabia muito bem como garantir que suas equipes tivessem bom desempenho. Ele unia as pessoas e criava uma forte cultura de equipe, mas nunca perdia de vista o fato de que os resultados eram importantes, e que eram um fruto direto da boa gestão. "Você precisa pensar em como vai realizar uma reunião", disse ele a um grupo de Googlers em um seminário sobre gestão. "Como vai fazer uma revisão de operações. Você precisa poder olhar para alguém e saber como ajudá-lo a seguir o caminho certo. Aqueles que são bem-sucedidos administram bem suas empresas. Eles têm bons processos, asseguram-se de que seu pessoal seja responsável, sabem contratar excelentes pessoas, como avaliá-las e lhes dar feedback, e lhes pagam bem."

O pessoal do Vale do Silício pode sair do rumo, ir atrás de outros objetivos além de um bom processo operacional. Bill sabia como garantir que o jogo fosse focado em resultados. "Vamos nos unir para ter uma cultura de equipe, mas para alcançar resultados."

As pesquisas apoiam Bill nesse ponto. Um estudo abrangente de 2017 feito com fábricas nos Estados Unidos descobriu que as que adotaram técnicas de gestão focadas na performance, como monitoramento, metas e incentivos, tiveram desempenho muito melhor do que as outras.[2] Boas práticas de gestão foram tão importantes quanto investimentos em P&D e TI e nível de habilidade do funcionário. Uma boa gestão também é importante em empreendimentos criativos. Um estudo de 2012 mostrou que, no setor de videogames, uma forte gestão intermediária respondia por 22% da variação no faturamento, ao passo que o design criativo de jogos respondia por apenas 7%.[3]

Bill achava que a liderança era algo que se desenvolvia como resultado da excelência em gestão. "Como você convence as pessoas e as ajuda a florescer em seu ambiente? Não é sendo um ditador. Não é dizendo a elas que diabos têm que fazer. É fazendo com que se sintam valorizadas por estarem na sala com você. Ouvindo; prestando atenção. É isso que fazem os grandes gestores."

A professora Linda Hill, da Harvard Business School, que estuda gestão e especialmente gestores de primeira viagem, concorda que ser ditador não funciona. Ela escreveu em 2007: "Novos gestores logo aprendem [...] que, quando mandam seus subordinados fazerem algo, estes não necessariamente respondem. Na verdade, quanto mais talentoso for o subordinado, menor a probabilidade de ele simplesmente seguir ordens". A autoridade de um gestor, conclui, "emerge apenas quando ele estabelece credibilidade com os subordinados, pares e superiores".[4] (Outro estudo conclui que as pessoas não só se irritam com um estilo de gestão autoritário, mas também ficam mais propensas a abandonar a equipe!)[5]

Ou, como Bill gostava de dizer: "Se você for um ótimo gestor, seu pessoal fará de você um líder. Eles o elegem, não você". Ele atribuía esse mantra a Donna Dubinsky, e normalmente incluía a história não tão lisonjeira que havia por trás. Donna trabalhou com Bill na Apple e na Claris, a empresa de software que se ramificou da Apple. Bill havia sido um bambambã na Apple, vice-presidente de vendas e marketing, e tivera muito sucesso na Kodak. Nas duas empresas ele havia sido detalhista, frequentemente fazendo a microgestão dos membros de sua equipe. Isso funcionou muito bem, e então, quando ele assumiu o cargo de CEO na Claris, presumiu que era seu papel dizer a todos o que fazer. E foi o que fez. No fim de certa tarde, Donna foi à sala de Bill e lhe disse que se ele ficasse dizendo a todos o que fazer, todo mundo se demitiria e voltaria para a Apple. Ninguém queria trabalhar para um ditador. Ela ofereceu um pouco mais de sabedoria ao CEO de primeira viagem: "Bill, seu título faz de você um gestor; seu pessoal faz de você um líder".*

Bill levou isso a sério. Uma vez, mandou uma mensagem a um valioso gestor que estava tendo dificuldades, aconselhando-o: "Você exigiu respeito em vez de merecê-lo. Precisa projetar humildade e altruísmo que mostrem que se importa com a empresa e com as pessoas".

Sua preocupação era que as pessoas com quem trabalhava confundissem carisma com liderança, o que era um tanto surpreendente vindo de um homem que trabalhou bem próximo a Steve Jobs – sumo representante de um líder empresarial carismático – por quase três décadas. Mas Bill achava que Jobs não tinha sido um grande líder durante seu primeiro período na Apple, que acabou quando John Sculley e o conselho o afastaram da empresa, em 1985. Quando Jobs voltou à Apple como CEO, em 1997 – quando a Apple comprou sua empresa, NeXT –, Bill viu que Steve havia mudado.

* Depois que Donna saiu da Claris, foi CEO da Palm, fabricante do PalmPilot. Mais tarde, foi CEO da Handspring e membro do conselho diretor de Yale, e atualmente é CEO da Numenta, uma empresa de inteligência de máquinas.

"Ele sempre foi carismático, apaixonado e brilhante. Mas, quando voltou, eu o vi se tornar um ótimo gestor. Ele era detalhista com tudo. Com os produtos, claro, mas também com a maneira como dirigia a organização financeira, a organização de vendas, operações e logística. Eu aprendi com isso. Steve não poderia ser um bom líder enquanto não se tornasse um bom gestor."

Então, quando nos reuníamos com Bill em nossas sessões semanais de coaching, o que discutíamos primeiro era gestão: operações e táticas. Bill raramente se preocupava com questões estratégicas e, se o fazia, era, em geral, para se assegurar de que houvesse um plano operacional forte para acompanhar a estratégia. Quais são as crises atuais? Com que rapidez vamos conseguir sair delas? Como estão as contratações? Como estamos desenvolvendo nossas equipes? Como estão indo nossas reuniões de equipe? Estamos recebendo contribuição de todos? O que está sendo dito, o que não está sendo dito? Sua preocupação era que a empresa fosse bem administrada e que estivéssemos melhorando como gestores.

São as pessoas

Em agosto de 2008, o site Gawker publicou um artigo intitulado "Os 10 tiranos mais terríveis da tecnologia".[6] "Esta mensagem é para os que gritam" – começava o artigo, em uma paródia do comercial da Apple de 1997, narrado por Richard Dreyfuss, "Think Different" [Pense diferente] –, "para os lançadores de cadeiras. Os que fazem ameaças de morte. Os observadores soberbos. Aqueles que veem as coisas de um jeito diferente, e vão ficar encarando você até que você veja também. Eles não gostam de regras, especialmente as criadas pelo departamento de recursos humanos sobre 'tratar seus funcionários com respeito'."

O artigo listava os mais notórios vilões do setor de tecnologia: Steve Jobs, Steve Ballmer, Bill Gates, Marc Benioff e, lá em penúltimo, o único representante do Google, nosso próprio Jonathan Rosenberg. Jonathan ficou exultante. Ele estava em uma lista dos dez melhores, com os maiores astros do setor, um hall da fama de durões, se é que isso existia! Poucos dias depois, em sua sessão individual com Bill, viu uma cópia impressa do artigo em cima da mesa de reuniões. Jonathan sorriu.

Mas Bill não. "Jonathan, isso *não é* motivo de orgulho!" Jonathan murmurou uma espécie de resposta, que Bill interrompeu com uma série de palavrões, concluindo com uma punhalada na frágil defesa de Jonathan: "E se eu mandasse isto para sua mãe? O que ela ia achar?". Ambos concordaram que Rina Rosenberg não ficaria feliz de ver o filho nessa lista.

Foi quando Bill compartilhou pela primeira vez com Jonathan seu manifesto "São as pessoas". Ele o havia desenvolvido quando estava na Intuit, e muitas vezes o repetia quase literalmente para nós dois e para outros a quem dava coaching.

São as pessoas

As pessoas são a base do sucesso de qualquer empresa. O principal trabalho de cada gestor é ajudá-las a ser mais eficientes em seu trabalho e a crescer e se desenvolver. Temos pessoas ótimas que querem se sair bem, que são capazes de fazer grandes coisas e que chegam ao trabalho prontas para isso. Grandes indivíduos florescem em um ambiente que libera e amplifica essa energia. Os gestores criam esse ambiente por meio de apoio, respeito e confiança.

Apoio significa fornecer às pessoas as ferramentas, as informações, o treinamento e o coaching necessários para o sucesso. Isso implica um esforço contínuo para desenvolver as habilidades delas. Grandes gestores ajudam os outros a se destacar e a crescer.

Respeito significa entender os objetivos de carreira únicos de cada pessoa e ser sensível a suas escolhas de vida. Isso implica ajudá-las a atingir suas metas de carreira de uma maneira consistente com as necessidades da empresa.

Confiança significa libertar as pessoas para que façam seu trabalho e tomem decisões. Significa saber que elas querem se sair bem e acreditam que o farão.

Muitos estudos acadêmicos e constantes chavões executivos mostram que os funcionários de uma empresa devem ser tratados como um ativo. Mas os executivos muitas vezes ignoram a cultura de gestão de uma companhia quando procuram maneiras de melhorar a performance. Isso é um erro. Um artigo de 1999 destaca que as empresas que melhoram suas práticas de gestão por um desvio padrão acima da média podem aumentar seu valor de mercado em 18 mil dólares por funcionário.[7] E um estudo interno do Google feito em 2008 (que Bill adorava) provou que as equipes com gestores que praticavam regularmente certo conjunto de oito comportamentos tinham menor rotatividade e maior satisfação e desempenho. No topo da lista de comportamentos estava: "Ser um bom coach".*

"São as pessoas" se aplica a outras áreas também. Por exemplo, Peter Pilling, diretor esportivo de Columbia, trabalhou com Bill para mudar a missão e os valores de seu departamento. No caso de Peter, "são as pessoas" tornou-se "são os atletas estudantis". Agora, quando Peter e sua equipe avaliam uma decisão, a primeira coisa que levam em consideração são seus alunos atletas. Como essa decisão os afetará? É coerente com a missão do departamento de "maximizar as oportunidades para nossos alunos atletas atingirem os níveis mais altos de desempenho"? Os alunos atletas sabem

---

* Você pode ler mais sobre o estudo "Project Oxygen" do Google em um artigo de David Garvin de dezembro de 2013 na *Harvard Business Review*, "How Google Sold Its Engineers on Management".

quanto são importantes para os administradores e treinadores? Eles adotam uma abordagem holística a seus alunos atletas, procurando lhes dar apoio em todos os aspectos da vida, não apenas na parte esportiva. Peter realiza reuniões trimestrais com todos os seus treinadores para que possam ter uma discussão aberta – espera-se total franqueza – sobre seus atletas. Tudo isso é um resultado direto dos princípios de Bill.

Quando Brad Smith assumiu o cargo de CEO na Intuit, Bill lhe disse que ia para a cama todas as noites pensando nas 8 mil almas que trabalhavam para ele. O que eles estão pensando e sentindo? Como posso fazer com que sejam o melhor que podem ser? Ronnie Lott diz, ao falar sobre dois treinadores com quem trabalhou de perto, Bill Walsh e Bill Campbell: "Grandes treinadores passam a noite acordados pensando em como nos fazer melhores. Eles gostam de criar um ambiente no qual você dá o melhor de si. Os treinadores são como grandes artistas, que dão a pincelada exata em uma pintura. Eles pintam relacionamentos. A maioria das pessoas não perde muito tempo pensando em como fará com que alguém seja melhor. Mas é isso que os treinadores fazem. É o que Bill Campbell fazia, mas em um campo diferente".*

"O que é que não deixa você dormir?" é uma pergunta tradicional feita aos executivos. Para Bill, a resposta era sempre a mesma: o bem-estar e o sucesso de seu pessoal.

SÃO AS PESSOAS
A MAIOR PRIORIDADE DE
QUALQUER GESTOR
É O BEM-ESTAR E O SUCESSO
DE SEU PESSOAL.

* Bill Walsh foi o treinador principal do San Francisco 49ers por dez anos, de 1979 a 1988. Seus times ganharam três Super Bowls.

Comece com relatos de viagem

Por mais de uma década, Eric realizou suas reuniões semanais de equipe às segundas-feiras às 13h. Sob muitos aspectos, essas reuniões eram praticamente como qualquer outra reunião de equipe. Havia uma agenda, *check-ins* com todos ao redor da mesa, pessoas discretamente vendo seus e-mails e mensagens... o normal. Mas Eric fazia uma coisa diferente da norma: depois que todos entravam na sala e se acomodavam, ele começava perguntando o que os participantes haviam feito no fim de semana, ou, se haviam acabado de voltar de viagem, pedia um relato informal. Essa equipe incluía Larry Page e Sergey Brin, portanto, muitas vezes o relato do fim de semana continha histórias sobre *kitesurf* ou o mundo do *fitness* extremo; mas também podia se desviar para coisas mais mundanas: as mais recentes realizações da filha de Jonathan no futebol, ou a pontuação do chefe da engenharia Alan Eustace no campo de golfe.* Às vezes, se havia acabado de voltar de uma viagem de negócios, Eric fazia seu próprio relato, abrindo na tela um mapa do Google com alfinetes nas cidades que havia visitado. Ele falava de cada cidade, contando sobre sua viagem e as coisas interessantes que havia observado.

Embora essa conversa parecesse improvisada e informal à primeira vista, era parte de uma abordagem de comunicação que Bill havia desenvolvido ao longo dos anos e aperfeiçoado em colaboração com Eric. Os objetivos eram dois. Primeiro, que os membros da equipe se conhecessem como pessoas, com família e vida interessante fora do trabalho. E segundo, que todos se engajassem na reunião desde o início de uma forma divertida, como Googlers e

* Talvez um pouco do espírito aventureiro de Larry e Sergey tenha passado para Alan. Em outubro de 2014, durante seu retiro sabático do Google, ele estabeleceu o recorde mundial de altura em salto em "queda livre" quando saltou de um balão a mais de 41 mil metros acima da superfície. Quatorze minutos depois, ele pousou em segurança, depois de atingir uma velocidade de 822 m/h, completando com sucesso o que Jonathan gosta de chamar de "fracasso de Alan em cometer suicídio".

seres humanos, e não apenas como especialistas e titulares de seus cargos específicos. Bill e Eric entendiam que há uma correlação direta entre ambientes de trabalho divertidos e performance superior, e que conversas sobre família e diversão (o que os acadêmicos chamam de "comunicação socioemocional") são uma maneira fácil de alcançar o primeiro.

Já avançada a reunião, quando estavam sendo discutidas as decisões de negócios, Eric queria que todos contribuíssem, independentemente de a questão ter a ver com sua área ou não. A simples prática da comunicação – fazer com que os funcionários compartilhassem histórias, fossem pessoais entre si – era, na verdade, uma tática para garantir melhores tomadas de decisão e camaradagem.

"No começo, achei aquilo muito estranho", diz Dick Costolo sobre a prática do relato de viagem, que ele também aprendeu com Bill. "Mas, quando comecei a fazer e ver na prática, nossa, realmente faz diferença. Toda a dinâmica da reunião muda, você consegue mais empatia, um humor melhor." Dick conta de quando participou da reunião de equipe de um CEO de quem era mentor, que começou com temas e assuntos importantes – nada de conversa social. "Foi um tapa na cara, chocante. Eu não consegui avaliar se a equipe trabalhava em conjunto e conectada."

Marissa Mayer desenvolveu uma variação da prática de relato de viagem quando era CEO do Yahoo. Em vez de relatos de viagem, suas reuniões de equipe começavam com agradecimentos. "Minha equipe chamava isso de oração familiar. Você tinha que agradecer a outra equipe por algo que tivesse acontecido na semana anterior. Não podia agradecer a si mesmo nem repetir o que alguém tinha dito. Isso acaba sendo uma ótima maneira de recapitular a semana inteira."

Bill acreditava que a comunicação era um aspecto crucial para o sucesso de uma empresa. Ele nos dava coaching com frequência para garantir que as outras pessoas da empresa entendessem o que nós entendíamos. Mesmo quando comunicamos claramente uma coisa, pode demorar um pouco para que as pessoas a assimilem. Repetição não estraga a oração. De fato, um estudo de 2002 da Southern Methodist University mostra que saber o que compartilhar e comunicar e com quem é uma parte importante do trabalho de um gestor. Feito corretamente, esse "comunalismo do conhecimento" ajuda a equipe a ter um desempenho melhor e vale o tempo que exige.[8]

Bill nos fez dar muita atenção à boa condução de reuniões. "Uma boa reunião individual" e "uma boa reunião de equipe" estão no topo da lista de seus mais importantes princípios de gestão. Para ele, essas reuniões são as mais importantes ferramentas disponíveis para executivos na gestão da empresa, e cada uma deve ser abordada cuidadosamente.

As reuniões da equipe devem ser um fórum para as questões e oportunidades mais importantes, mais que as individuais. "Use reuniões para colocar todos na mesma página, para ter um bom debate e para tomar decisões." As questões mais importantes são relativas a funções, mas o principal é que trazê-las à mesa dessas reuniões permite que as pessoas entendam o que está acontecendo com as outras equipes, e discuti-las como um grupo ajuda a desenvolver a compreensão e a construir a força interfuncional. Isso se aplica inclusive a algumas questões que talvez possam ser resolvidas em reuniões individuais, porque dão à equipe prática em enfrentar desafios juntos. O fundador da GO, Jerry Kaplan, em seu livro *Startup,* recorda uma época em que queria discutir a crescente concorrência entre a GO e a Microsoft em sua reunião individual com Bill. Era um tema crucial, exigia uma discussão detalhada de questões confidenciais e potencialmente controversas, de modo que uma reunião privada entre o fundador e o CEO parecia ser a melhor forma para isso. Mas Bill disse não. Ele queria discutir o assunto e decidir como uma equipe.[9]

Pesquisas confirmam que reuniões de equipe são uma excelente oportunidade para engajar as pessoas, e um estudo de 2013 concluiu que a relevância da reunião, a tentativa de dar voz a todos e a boa administração do tempo são fatores-chave para conseguir esse engajamento.[10] Mas isso nem sempre acontece; outro estudo, este de 2015, mostra que mais de 50% dos participantes não acham que suas reuniões representem um uso efetivo de seu tempo. Esse estudo cobriu todo tipo de reuniões, não só as de equipe, mas, ainda assim, demonstra que ser cuidadoso ao se preparar para reuniões de equipe é uma importante prática de gestão.[11]

COMECE COM RELATOS DE VIAGEM

PARA OBTER SINTONIA E MELHORAR A RELAÇÃO ENTRE OS MEMBROS DA EQUIPE, COMECE AS REUNIÕES COM RELATOS DE VIAGEM OU OUTROS ASSUNTOS MAIS PESSOAIS, NÃO DE TRABALHO.

Cinco palavras em um quadro branco

Nossas reuniões individuais com Bill sempre foram realizadas em seu escritório simples na California Avenue, o distrito comercial mais silencioso de Palo Alto, mais ou menos 1,6 quilômetro ao sul da mais glamourosa University Avenue. Isso parecia perda de tempo, no início – por que ele não podia ir ao Google? –, mas logo percebemos que era o local certo. Afinal, quando você faz terapia, vai ao consultório de seu terapeuta. Ao fazer a peregrinação até Bill, entrávamos por uma porta sem identificação, subíamos de escada até o segundo andar, descíamos um corredor, dávamos um abraço em Debbie Brookfield, sua assistente de longa data, e depois íamos até a sala de reunião esperar por ele. Nas reuniões com Eric, sempre havia cinco palavras escritas no quadro branco, indicando os temas a serem tratados naquele dia. As palavras podiam ser sobre uma pessoa, um produto, uma questão operacional ou uma reunião futura. Era assim que eles organizavam sua conversa.

Quando estávamos trabalhando neste livro e Eric falou sobre suas reuniões com Bill, Jonathan teve que intervir. Não era assim que Bill começava suas reuniões individuais, disse a Eric. Bill tinha, sim, sua lista dos cinco tópicos principais a discutir, mas não a escrevia no quadro branco à vista de todos. Ele a mantinha fechada, como um jogador de pôquer segurando suas cartas perto do peito. Depois de falar sobre família e outras coisas não relacionadas ao trabalho, Bill perguntava a Jonathan quais eram *seus* cinco tópicos principais. Então, Jonathan percebeu que essa abordagem era a maneira de Bill ver como *ele* estava priorizando seu tempo e seus esforços. Se Bill apresentasse sua lista, Jonathan simplesmente poderia concordar com ela. A discussão da lista já era, em si, uma forma de coaching (aparentemente, uma da qual Eric nunca precisou).

Ao dar seu seminário de gestão no Google, Bill defendia que cada pessoa deveria colocar sua lista no quadro, em uma revelação simultânea. Assim, todos poderiam ver onde havia sobreposição e abordar esses tópicos. Ele achava que o processo de fundir as duas agendas poderia servir como lição sobre priorização.

Independentemente de quais sejam os cinco tópicos apresentados no quadro branco, o importante é que cada lado tenha seus temas a abordar e esteja pronto para discuti-los. Bill tinha muito cuidado com a preparação de reuniões individuais. Não se esqueça de que ele acreditava que a coisa mais importante que um gestor faz é ajudar as pessoas a ser mais eficazes e a crescer e se desenvolver, e as reuniões individuais são a melhor oportunidade para isso. Quando se tornou coach em tempo integral, ele mudava sua abordagem para se adequar à pessoa a quem estivesse atendendo. Mas, como CEO, ele desenvolveu um formato padrão, que é o que sempre ensinou aos outros. Ele sempre começava com "conversa fiada", mas, no caso de Bill, não era tão fiada assim. Muitas vezes, esse tipo de papo em um ambiente de trabalho é superficial: um rápido "como estão as crianças?", ou conversas sobre o trânsito da manhã, antes de passar para os assuntos de trabalho. Mas as conversas com Bill eram mais significativas, e ocorriam em camadas. Às vezes, tínhamos a impressão de que o papo sobre a vida era mais o objetivo da reunião do que os tópicos de trabalho. Na verdade, seu interesse pela vida das pessoas era bastante sincero, mas oferecia um benefício poderoso: um estudo de 2010 concluiu que manter esse tipo de conversas "substanciais", em vez de papo furado, torna as pessoas mais felizes.[12]

Do papo (não tão) furado, Bill passava para o desempenho: no que você está trabalhando? Como vão as coisas? Como posso ajudar? Então, ele sempre chegava à relação com os pares, o que achava mais importante que o relacionamento com o gestor e outros superiores.

Um dia, Jonathan passou parte de sua reunião individual com Bill falando sobre o fato de não receber nenhum feedback dos fundadores sobre seu trabalho. "O que eles querem?", perguntava-se. A resposta de Bill foi que Jonathan não deveria se preocupar com o feedback de cima para baixo; que deveria prestar atenção à contribuição de seus pares. O que seus colegas de equipe pensam de você? Isso é o importante! Eles começaram a falar sobre os colegas de Jonathan, como em geral reconheciam seu trabalho e o que poderia fazer melhor.

Da relação com os pares Bill passava às equipes. Ele sempre queria saber se estávamos traçando um caminho claro nesse sentido e reforçando-o constantemente. Nós entendíamos o que os outros estavam fazendo? E, se houvesse algo errado, falávamos sobre como poderíamos corrigi-los e colocá-los de volta nos trilhos. "Pense que todos que trabalham para você são como seus filhos", disse Bill uma vez. "Ajude-os a voltar para o caminho certo, a ser melhores."

Então, ele falava de inovação. Estávamos abrindo espaço para isso em nossas equipes? Como equilibrávamos a tensão inerente entre inovação e execução? Ter apenas um dos dois não era bom; atingir esse equilíbrio era crucial.

Além de uma abordagem detalhada à comunicação, Bill tinha opiniões firmes sobre a importância de se comunicar bem. Ele era das antigas, preferia conversas cara a cara, ou um telefonema, se isso não fosse possível. ("Não precisa esperar quatro semanas para agendar uma reunião", dizia ele, "é só telefonar.") Em sua época de CEO na GO, receber um e-mail de Bill era um acontecimento. Mais tarde, quando era coach de gente por todo o vale, ele passava as noites retornando as ligações de pessoas que haviam deixado mensagens durante o dia. Quando você deixava uma mensagem na caixa postal de Bill, sempre recebia uma ligação de volta.

Ele também era bom com e-mails. A tendência, hoje, são e-mails em cascata – o superior envia algo para sua equipe, que passa sua própria versão a seu pessoal, e assim por diante. Bill sempre nos aconselhou a ter um e-mail, diretamente do superior, e, ao longo dos anos, ele praticamente aperfeiçoou a arte de escrever essas mensagens. Ao pesquisar para este livro, relemos todos os e-mails que recebemos de Bill ao longo dos anos e de maneira constante, nos impressionamos ao ver como eram bem escritos: concisos, claros e compassivos. (Quando o pai de Jonathan faleceu, Bill escreveu: "Lamento muito não o ter conhecido. Ele devia ter muito orgulho de seu filho tão amável...".)

E ele esperava uma qualidade semelhante de todos ao seu redor. Nirav Tolia, cofundador e CEO da Nextdoor, uma rede social e aplicativo para bairros, conheceu Bill no verão de 2000, quando dirigia uma pontocom chamada Epinions. Bill Gurley pôs os dois em contato, e, no primeiro encontro, Nirav aprendeu uma lição com a abordagem de Bill à comunicação. "Eu tinha um repertório preparado para ele, e sempre usava citações, frases de Churchill e coisas assim. Então, ele me deixou dar uma de pavão por um tempo. Por fim, ele me interrompeu: 'Por que você usa todas essas citações? Você não me disse nada sobre a Epinions'." Ele fez Nirav esquecer as citações e simplesmente falar sobre o que estava acontecendo e o que precisava ser feito.

"Naquela época, eu tinha 90% de estilo e 10% de substância", recorda Nirav. "Bill era 100% substância."

> **CINCO PALAVRAS EM UM QUADRO BRANCO**
> TENHA UMA ESTRUTURA PARA AS REUNIÕES INDIVIDUAIS E PREPARE-SE PARA ELAS, POIS SÃO A MELHOR MANEIRA DE AJUDAR AS PESSOAS A SER MAIS EFICAZES E CRESCER.

Estrutura de Bill para as reuniões individuais e avaliações

Requisitos em termos de performance no trabalho

- Podiam ser números de vendas
- Podiam ser entregas ou marcos do desenvolvimento de produtos
- Podiam ser feedback do cliente ou qualidade do produto
- Podiam ser números do orçamento

Relação com grupos pares

(Isso é decisivo para a integração e coesão na empresa)

- Produto e engenharia
- Marketing e produto
- Vendas e engenharia

Gestão/liderança

- Você está orientando/dando coaching a seu pessoal?
- Você está eliminando os ruins?
- Você está se esforçando para contratar?
- Você consegue que seu pessoal realize feitos heroicos?

Inovação (melhores práticas)

- Você está sempre andando para frente... pensando em como melhorar continuamente?
- Você está constantemente avaliando novas tecnologias, novos produtos, novas práticas?
- Você se avalia comparando-se aos melhores do ramo/mundo?

O trono atrás da mesa redonda

A certa altura, no final do período de Eric como CEO do Google, ele encontrou algo que era familiar para muitos executivos: uma guerra por território. Um de seus gestores queria que sua equipe desenvolvesse um aplicativo para dispositivos móveis para os usuários de seu produto, mas outro gestor achava que a equipe *dele* é que deveria ser a responsável pelo desenvolvimento do aplicativo. A discussão durou semanas, e estava passando de afável a mordaz. Quando sua equipe se via diante de uma decisão desafiadora, Eric gostava de usar uma técnica de gestão que chamava de "regra de dois". Ele punha as duas pessoas mais envolvidas na decisão para colher mais informações e trabalhar juntas pela melhor solução, e normalmente elas voltavam uma ou duas semanas depois tendo decidido em conjunto o melhor caminho. A equipe quase sempre concordava com a solução apresentada, porque, em geral, era óbvio que essa era a melhor ideia. A regra de dois não só gera a melhor solução na maioria dos casos, como também promove a colegialidade. Capacita as duas pessoas que trabalham na questão a descobrir maneiras de resolver o problema – um princípio fundamental de mediação bem-sucedida.[13] E cria o hábito de trabalhar em conjunto para resolver conflitos, o que gera mais camaradagem e melhora a tomada de decisões durante anos.[*14]

* Pesquisas sobre solução de conflitos demonstram que ter um processo padrão para administrá-los, seja a regra de dois ou outra abordagem, deixa todos mais felizes e efetivos.

Mas, dessa vez, não deu certo. Os dois executivos estavam obstinados. Quando Eric pediu conselhos a Bill, este respondeu: "Diga: tudo bem, ou vocês dois resolvem, ou resolvo eu". Eric aceitou o conselho de Bill e deu aos dois gestores mais uma semana para chegar a um acordo. Eles não conseguiram, então, Eric entrou em cena e tomou a decisão.

Bill acreditava que uma das principais tarefas de um gestor é facilitar as decisões, e ele tinha uma estrutura específica para isso. Ele não incentivava a democracia. (Antes de ele chegar à Intuit, havia votações nas reuniões. Bill acabou com isso.) Ele preferia favorecer uma abordagem não muito diferente da usada na comédia de improviso. No improviso, todo o elenco está em risco e precisa trabalhar em conjunto para dar continuidade a um diálogo, para adiar o fim de uma cena até o último momento possível. Bill incentivava o conjunto e sempre buscava um ambiente livre de política. Um lugar onde o superior toma todas as decisões leva exatamente ao oposto, porque as pessoas perdem seu tempo tentando convencer o gestor de que a ideia delas é a melhor. Nesse cenário, a questão não é ter a melhor ideia, e sim fazer melhor o lobby junto ao chefe. Em outras palavras, política.

Bill odiava isso. Ele acreditava na luta pela melhor ideia, não pelo consenso ("Eu odeio consenso!", rosnava), entendendo intuitivamente o que diversos estudos acadêmicos mostram: que o consenso leva a "pensamentos de grupo" e decisões inferiores.[15] A melhor ideia, segundo ele, era expor todas as opiniões e ideias para que o grupo as discutisse. Abordar o problema honestamente e garantir que as pessoas tenham oportunidade de dar suas opiniões autênticas, especialmente se forem discordantes. Se o problema ou a decisão em questão for por natureza mais funcional (por exemplo, uma decisão de marketing ou finanças), a discussão deverá ser conduzida pela pessoa que tem esse conhecimento. Quando for uma decisão mais ampla, que atravesse várias áreas funcionais, o líder da equipe dominará a discussão. Independentemente disso, deve contar com o ponto de vista de todos.

Para pôr essas ideias na mesa, Bill conversava individualmente com as pessoas antes da reunião para saber o que estavam pensando. Isso lhe permitia entender as diferentes perspectivas, mas o mais importante era que dava aos membros de sua equipe a chance de entrar na sala preparados para expor seu ponto de vista. Discuti-lo com Bill ajudava a organizar seus pensamentos e ideias antes da discussão mais ampla. Talvez todos estivessem alinhados quando chegasse a hora, talvez não, mas já teriam pensado e discutido sua própria perspectiva e estariam prontos para apresentá-la.

Quando as pessoas apresentam e discutem ideias, a coisa pode esquentar. Isso é esperado, e tudo bem. Como diz Emil Michael, um ex-CBO da Uber a quem Bill dava coach: "Quando um líder consegue fazer com que as pessoas fiquem passivo-agressivas, podem ocorrer discussões acaloradas, mas honestas". Se sua equipe estiver trabalhando bem e pensando primeiro na empresa, e não em si mesma, depois que os ânimos esfriarem, provavelmente a melhor ideia surgirá. A maneira como o líder configura essa discussão é importante: um estudo de 2016 mostra que quando se fala de debate, e não de discordância, é mais provável que os participantes compartilhem informações. Eles percebem que os demais participantes são mais receptivos a opiniões divergentes.[16]

Uma abordagem de conjunto pode ser especialmente difícil de implementar quando o gestor responsável pela decisão já sabe o que fazer (ou acha que sabe). Marissa Mayer admite ter tido esse problema quando estava no Google. Um dia, Bill lhe passou uma nova regra: quando estivesse discutindo uma decisão com sua equipe, teria que ser sempre a última pessoa a falar. "Você pode saber a resposta, e pode estar certa", disse ele, "mas quando simplesmente declara isso, rouba de sua equipe a chance de se unir." Chegar à resposta certa é importante, mas contar com toda a equipe é tão importante quanto. Então, Marissa ficou sentada ali, estranhamente quieta, enquanto sua equipe debatia as questões. Ela não gostou disso, mas deu certo. Ela sentiu um novo respeito por sua equipe e por sua capacidade de lidar com os problemas.

Quando a melhor ideia não surge, é hora de o gestor forçar a decisão ou tomá-la. "A tarefa de um gestor é dar o voto de minerva e melhorar seu pessoal", disse Bill. "Vamos fazer desse jeito; pronto, decidido." Bill aprendeu isso da maneira mais difícil: quando foi executivo na Apple, viveu exatamente o oposto, em um lugar onde as decisões apodreciam e os negócios sofriam. "A Apple era um caos nisso. Uma divisão fazia isso, outra fazia aquilo, e outra queria fazer aquilo outro. As pessoas iam a minha sala e me pediam para decidir, mas eu era de vendas e marketing, não podia desempatar, porque a coisa envolvia diferentes grupos de produtos, o grupo Apple II e o grupo Mac. A coisa era feia e nada era feito. Isso me preocupava."

Não tomar uma decisão pode ser tão prejudicial quanto tomar uma decisão errada. Existe indecisão nos negócios o tempo todo, porque não há uma resposta perfeita. Faça alguma coisa, mesmo que seja errada, aconselhava Bill. Ter um bom processo para chegar a uma decisão é tão importante quanto a decisão em si, porque dá confiança à equipe e mantém todos em movimento. Bruce Chizen, ex-CEO da Adobe que trabalhou com Bill na Claris, chama isso de "tomar decisões com integridade", o que significa seguir um bom processo e sempre priorizar o que é certo para o negócio, e não para o indivíduo. Tome a melhor decisão possível e bola pra frente.

Então, quando você tomar uma decisão, comprometa-se com ela e espere que todos façam o mesmo. Dan Rosensweig, CEO da Chegg, uma plataforma de aprendizagem digital, já esteve em uma situação na qual ele e seu CFO concordaram com um importante movimento financeiro, mas o CFO tentou voltar atrás por causa de um problema pequeno. Dan ligou para Bill e perguntou o que fazer.

Bill contou a Dan uma situação semelhante que havia enfrentado como CEO. Ele e sua equipe de gestão haviam decidido usar uma estratégia específica, mas, quando Bill a apresentou na reunião do conselho, seu diretor financeiro, que havia concordado com o plano, proclamou que discordava. Após a reunião, Bill pediu ao CFO para não voltar atrás; mesmo que ele não concordasse com a decisão, precisava se comprometer com ela. E, se não fosse capaz disso, não faria mais parte da equipe.

Isso é consistente com o modelo de tomada de decisão do Rei Arthur, a mesa-redonda, que Bill descreveu a Brad Smith quando este se tornou CEO da Intuit. (Quando Brad nos contou essa história, mostrou-nos o modelo da lendária mesa, com todos os cavaleiros sentados, que fica no canto de sua sala.) Mantendo a conversa certa – aconselhava Bill –, oito entre dez vezes as pessoas chegarão sozinhas à melhor conclusão. Mas nas outras duas vezes você precisará tomar a decisão difícil e esperar que todos se unam em torno dela.

Não há cabeceira nessa mesa, mas há um trono por trás dela.

O TRONO POR TRÁS DA MESA-REDONDA
O TRABALHO DO GESTOR É DIRIGIR
UM PROCESSO DE TOMADA
DE DECISÕES QUE GARANTA QUE TODAS
AS PERSPECTIVAS SEJAM CONSIDERADAS E,
SE NECESSÁRIO, DAR O VOTO DE MINERVA
E TOMAR A DECISÃO.

Lidere com base nos princípios fundamentais

Mas como tomar essa decisão difícil? Quando você é um gestor tentando levar sua equipe a tomar uma decisão, a sala fica cheia de opiniões. Bill sempre nos aconselhou a tentar superar essas opiniões e chegar ao cerne da questão. Em qualquer situação, há certas verdades imutáveis com as quais todos podem concordar. São os "princípios fundamentais", uma frase e conceito populares no

Vale do Silício. Toda empresa e toda situação têm esses princípios. Podemos discutir opiniões, mas, em geral, não podemos discutir princípios, pois todos já concordam com eles. Como Bill destacaria, é o trabalho do líder, quando tem que enfrentar uma decisão difícil, descrever e fazer recordar todos esses princípios fundamentais. Como resultado, com frequência fica mais fácil tomar a decisão.

Mike McCue foi apresentado a Bill pouco depois de ter levantado 250 milhões de dólares para sua startup, a Tellme Networks, em 1999, no auge do boom das pontocom. Bill participava das reuniões do conselho da Tellme e de algumas da equipe de Mike, e o aconselhava sobre todas as decisões estratégicas importantes que ele tomava, tanto na Tellme quanto em sua empresa subsequente, a Flipboard. E como havia muitas decisões estratégicas a serem tomadas, Mike tinha muitas oportunidades de colocar em prática as recomendações de Bill para decidir com base nos princípios fundamentais. Uma vez, a AT&T ofereceu dezenas de milhões de dólares pela licença do software da Tellme, que criou a primeira plataforma de reconhecimento de voz na nuvem para grandes empresas e fornecia o serviço de atendimento eletrônico de telefone a empresas como FedEx, Fidelity e American Airlines. O problema com a oferta da AT&T era que eles queriam criar um produto concorrente da Tellme; na verdade, a oferta dependia de a Tellme sair totalmente do mercado de reconhecimento de voz na nuvem. Ah, e se o trato não fosse feito, a AT&T, que na época era a maior cliente da Tellme, não mais o seria.

Potencialmente, o acordo era lucrativo, e a Tellme precisava do dinheiro, de modo que alguns membros da equipe insistiam que fosse aceito. Eles honestamente achavam que era a melhor decisão a tomar. Mike discordava, mas sabia que não seria bem-sucedido se simplesmente pressionasse a equipe a recusar. Ele poderia ganhar na decisão, mas perderia a equipe.

"Eram todos pessoas muito inteligentes", diz Mike. "Todos formados em ótimas faculdades e grandes debatedores, de modo que havia muitas opiniões. Eu não fiz faculdade, não tinha como ganhar uma discussão com esse grupo." (Mike começou a trabalhar quando acabou o ensino médio para ajudar sua família depois que seu pai morreu, quando tinha 18 anos.) Além disso, ele mesmo havia se rebaixado a COO, passando o cargo de CEO ao ex-executivo da Cincinnati Bell John LaMacchia, e John era a favor do acordo com a AT&T.*

Então, Mike telefonou para Bill e depois saiu para caminhar ao longo dos trilhos da ferrovia que havia em frente à Tellme. Pensou sobre os princípios fundamentais envolvidos na decisão. Primeiro: a empresa tinha um modelo de negócios sólido que estava funcionando. Seria inteligente adotar um novo modelo de licenciamento de software? Segundo: eles tinham um bom produto que era, objetivamente, o melhor do mercado e à frente de seu tempo. A AT&T poderia fazer um produto melhor? Provavelmente não. Mike convocou a equipe e expôs esses princípios. Todos concordaram que eram corretos, já que eram os fundamentos da empresa. A decisão foi praticamente automática. A reunião acabou em menos de uma hora, e o acordo foi recusado.**

Mike aplicou a mesma abordagem quando estava negociando a venda da Tellme para a Microsoft em 2007. Ele o fez diretamente com Steve Ballmer, CEO da Microsoft na época, e, a certa altura, o negócio chegou à beira do colapso porque apareceu outra empresa com uma oferta maior que a da Microsoft. Mike conversou com Bill, refletiu sobre os princípios fundamentais da empresa de novo e percebeu que a Microsoft era o melhor lar para a Tellme. Ele *queria* vender a empresa para a Microsoft. Ele pegou um avião para Redmond, Washington, e entrou no escritório de Ballmer. "Vamos

---

* John assumiu como CEO da Tellme em 2001. Saiu da empresa no final de 2004, e Mike retomou o cargo.

** A AT&T acabou abandonando seus esforços de criar um produto competitivo, e, com o tempo, quadruplicou seus negócios com a Tellme. Em 2005, a AT&T se fundiu com a SBC.

nos divorciar antes mesmo de nos casarmos?", perguntou Steve a Mike. "Não", respondeu Mike, e explicou por que vender a empresa para a Microsoft era o certo. Além do mais, os dois já haviam concordado com os termos básicos, e Mike tinha toda a intenção de honrar esse acordo (outro princípio fundamental: integridade). Então, desse ponto em diante, Steve e Mike se tornaram parceiros na conclusão do negócio, com uma boa dose de conselhos de Bill para os dois lados. Sem o conselho de Bill para confiar nos princípios fundamentais, o negócio não teria acontecido.

LIDERE COM BASE NOS PRINCÍPIOS FUNDAMENTAIS

DEFINA OS "PRINCÍPIOS FUNDAMENTAIS" PARA A SITUAÇÃO, VERDADES IMUTÁVEIS QUE SÃO OS ALICERCES DA EMPRESA OU DO PRODUTO, E AJUDE A GUIAR A DECISÃO COM BASE NESSES PRINCÍPIOS.

Administre o gênio aberrante

Talvez um dos problemas mais difíceis enfrentados pelos gestores seja o que fazer com a diva, aquela pessoa que é uma estrela, mas com quem é muito difícil trabalhar. Nós nos deparamos com muitas dessas pessoas durante nossa carreira na alta tecnologia, e Bill sempre nos fazia recordar que administrá-las é um dos maiores desafios do trabalho. Ele as chamava de "gênios aberrantes", e dizia: "Você tem esses homens e mulheres peculiares que serão seus grandes diferenciais. É seu trabalho administrá-los de um modo que não atrapalhem a empresa. Eles precisam conseguir trabalhar com outras pessoas; mas, se não conseguirem, você tem que deixá-los ir embora. Eles precisam trabalhar em um ambiente no qual colaborem com os outros".

Mas como fazer isso? Ao longo dos anos, à base de muita tentativa e erro e muitos conselhos de Bill, aprendemos essa arte em particular: apoiá-los enquanto eles produzem e minimizar o tempo gasto lutando contra eles; investir essa energia tentando ao máximo ajudá-los a superar seu comportamento aberrante. Se você conseguir fazer isso, as recompensas serão imensas: mais genialidade, menos aberração. "Ele tem tudo de que precisa", escreveu Bill a Jonathan certa vez acerca de um de seus membros problemáticos. "Agora que você já lhe deu todo o apoio, tem que tentar fazer com que ele se comporte como líder. Ele tem todo o seu espaço. Não há mais o que discutir."

Segundo nossa experiência, os gênios aberrantes podem ser extremamente valiosos e produtivos. São capazes de criar ótimos produtos e equipes de alta performance; têm insights rápidos; são simplesmente melhores em muitas coisas. E eles podem ter tanto um ego grande quanto uma fragilidade acompanhando seu imenso talento e desempenho. Eles costumam aplicar muita energia em ganhos pessoais em detrimento do relacionamento com colegas. Esse tipo de atitude de se pôr em primeiro lugar às vezes vem à tona, o que pode causar ressentimento nos outros e afetar seu desempenho.

É aqui que entra a arte do equilíbrio: existem comportamentos aberrantes e *aberrantes*. Quanto dá para tolerar e quanto é demais? Qual é esse limite evasivo? Nunca tolere pessoas que cruzam linhas éticas: mentiras, falhas de integridade ou ética, assédio ou maus-tratos a colegas. De certa forma, esses são os casos mais fáceis, uma vez que a decisão é clara. Os casos mais difíceis são aqueles em que a pessoa não cruza essas linhas. Como determinar quando o dano causado por alguém excede suas contribuições consideráveis? Não existe uma resposta perfeita para isso, mas, sim, alguns sinais de alerta. É questão de conversar, porém, se não houver mudanças, esses comportamentos não devem ser tolerados.

O gênio aberrante atrapalha a comunicação da equipe? Ele interrompe os outros, ou os ataca ou repreende? Faz com que as pessoas tenham medo de falar?

O gênio aberrante demanda muito tempo de gestão? É difícil saber quando o comportamento de um gênio aberrante se tornou tóxico demais para a equipe, mas, se você tem que passar horas e horas controlando os danos, isso é um sinal de que a coisa já foi longe demais. Grande parte desse tempo, em geral, é gasto discutindo com a pessoa, o que raramente é construtivo. Certa vez, Bill estava dando coaching a um gestor do Google sobre um gênio aberrante da equipe e resumiu a situação com clareza: "Não sei por que o estou defendendo", observou Bill, "mas sei que seu brilhantismo é uma das coisas que nos fazem grandes. Como podemos ficar com o bom e rejeitar o ruim? Você não pode ficar com ele dezoito horas por dia!". Dizer dezoito horas por dia foi um exagero, mas nem tanto; essa pessoa estava demandando uma quantidade excessiva de controle de danos. E acabou saindo da empresa.*[17]

O gênio aberrante tem prioridades claras? Comportamento excêntrico pode ser tolerável, desde que esteja a serviço (ou pretenda estar) do bem da empresa. O que não se pode tolerar é que o gênio aberrante constantemente se coloque acima da equipe. Isso costuma acontecer em áreas adjacentes ao trabalho principal do grupo. O gênio continuará brilhando no trabalho, seja em vendas, produto, jurídico etc. Mas, quando se trata de fatores como remuneração, mídia e promoção, é aí que o aberrante aparece.

O gênio aberrante busca muita atenção e autopromoção? Bill não era fã da atenção da mídia e desconfiava da motivação das

* Um artigo de 2017 da *Harvard Business Review* sobre a gestão de narcisistas (coisa que muitos gênios aberrantes podem ser), de Manfred F. R. Kets de Vries, inclui a recomendação de minimizar o confronto direto, que era no que consistiam muitas daquelas "dezoito horas".

pessoas que buscavam muito isso. A publicidade é boa se estiver a serviço da empresa, e, de fato, faz parte do trabalho do CEO. Mas, se você for o CEO e alguém de sua equipe ficar o tempo todo tentando aparecer na mídia, isso é um sinal de alerta. Gênios aberrantes podem, nominalmente, dar crédito a suas equipes, mas monopolizam os holofotes, e isso pode ter um efeito corrosivo. As pessoas podem dizer que tudo bem, mas, com o tempo, começam a se ressentir porque um parece receber muito mais crédito que os outros, mais humildes. Querer a atenção sobre si é uma característica do narcisismo, e um estudo de 2008 demonstra que, controlando outros fatores, é mais provável que os narcisistas sejam líderes de grupos.[18] Portanto, ter um líder que busque muita atenção talvez não seja tão aberrante. Mas pode ser problemático se o resto da equipe suspeitar que a estrela da mídia está mais interessada nos holofotes que no sucesso do grupo!

ADMINISTRE O GÊNIO ABERRANTE
GÊNIOS ABERRANTES – MEMBROS DA EQUIPE DE ALTA PERFORMANCE, MAS DIFÍCEIS – DEVEM SER TOLERADOS E ATÉ PROTEGIDOS, DESDE QUE SEU COMPORTAMENTO NÃO SEJA ANTIÉTICO OU ABUSIVO E SEU VALOR COMPENSE OS DANOS QUE POSSA CAUSAR NA GESTÃO, NOS COLEGAS E NAS EQUIPES.

A questão não é só o dinheiro

Bill nos ajudou em assuntos relacionados a remuneração no Google durante muitos anos, e sempre defendeu a generosidade. Ele entendia uma coisa sobre remuneração que muitas pessoas não compreendem: a questão nem sempre é o dinheiro. Claro que todo mundo precisa receber um salário justo que lhe proporcione um bom estilo de vida. Para muitas pessoas, a questão é o dinheiro.

Mas o objeto de debate também é outro. A remuneração não tem a ver apenas com o valor econômico do dinheiro; tem a ver com o valor emocional. É um dispositivo de reconhecimento, respeito e status, e vincula fortemente as pessoas às metas da empresa. Bill sabia que todo mundo é humano e precisa ser reconhecido, mesmo aqueles que já têm segurança financeira. É por isso que o atleta *superstar*, que vale dezenas ou centenas de milhões, pressiona pelo próximo grande contrato. Não é pelo dinheiro; é pelo amor.

A QUESTÃO NÃO É SÓ O DINHEIRO
REMUNERAR BEM AS PESSOAS DEMONSTRA AMOR E RESPEITO E AS VINCULA FORTEMENTE ÀS METAS DA EMPRESA.

É na área de inovação que gente maluca ganha asas

Quando Bill saiu da J. Walter Thompson e foi para a Kodak, em 1980, ele se estabeleceu – segundo seu colega da Kodak, Eric Johnson – como um "vírus". Ele chegou com "o jeito Bill de pensar, uma nova perspectiva", diz Eric. "Como podemos melhorar as coisas para a Kodak, os revendedores e o consumidor?"

Pode ser difícil para nossos leitores com menos de 40 anos entender, mas houve um longo período durante o qual a Kodak praticamente foi dona da fotografia. Você comprava uma câmera Kodak (alguns de vocês devem se lembrar de sua primeira Instamatic; nós nos lembramos!), colocava o filme Kodak nela e, quando batia todas as fotos, mandava-o para um laboratório Kodak para ser revelado. Em 1976, a empresa vendia 90% dos filmes usados nos Estados Unidos e 85% das câmeras.*[19] Portanto, quando Bill foi para Rochester, entrou em um mundo de domínio inquestionável.

Na época, a maior concorrente da Kodak era a Fuji, uma empresa japonesa que estava começando a desafiar a hegemonia global da Kodak em termos de filmes. Não muito tempo depois de Bill entrar na Kodak, a Fuji lançou um filme que dizia ser de melhor qualidade. E não era só marketing – o filme realmente era melhor. Era mais rápido, por isso permitia tirar fotografias com menos luz ou com maior velocidade do obturador sem comprometer a qualidade da imagem. Bill e seus colegas de marketing estavam falando sobre essa nova questão competitiva certo dia, quando o Treinador sugeriu algo: "Que tal se formos ao laboratório de pesquisa conversar com os engenheiros? Talvez eles possam criar algo melhor também".

Não era assim que as coisas funcionavam na Kodak. O pessoal do marketing não conversava com os engenheiros, especialmente com os do laboratório de pesquisa. Mas Bill não sabia disso, ou, se sabia, não ligava. Então, ele foi até o prédio que abrigava os laboratórios, apresentou-se e os desafiou a pensar em algo melhor que o mais recente produto da Fuji. Esse desafio foi o chute inicial que levou ao filme que acabou sendo lançado como Kodacolor 200, um produto importante para a Kodak e empiricamente melhor que o da Fuji. Ponto para o cara do marketing e sua equipe!

Bill começou sua carreira em publicidade e marketing, e então acrescentou vendas a seu portfólio depois de entrar na Apple. Mas, por meio de suas experiências no mundo da tecnologia, em suas passagens pela Apple, pela Intuit, pelo Google e outras, Bill passou a reconhecer a preeminência da tecnologia e do produto na

---

* Um ano antes, em 1975, um engenheiro da Kodak, Steve Sasson, inventou a primeira câmera digital do mundo. E 37 anos depois, em 2012, a empresa declarou falência devido à mudança do mundo para o digital.

hierarquia dos negócios. "A meta de uma empresa é pegar a visão que você tem do produto e dar-lhe vida", disse ele em uma conferência. "Daí você coloca todos os outros componentes ao redor – finanças, vendas, marketing – para levar o produto para fora e garantir que seja bem-sucedido." Mas não era assim que as coisas eram feitas no Vale do Silício, nem na maioria dos outros lugares, quando Bill entrou em cena, na década de 1980. O modelo, então, era que uma empresa, mesmo tendo sido criada por alguém de tecnologia, logo contratasse alguém de negócios, com experiência em vendas, marketing, finanças ou operações, para dirigi-la. Esses executivos não pensavam nas necessidades dos engenheiros, e seu foco principal não eram os produtos. Bill era um homem de negócios, mas acreditava que nada era mais importante que um engenheiro empoderado. Seu ponto de vista constante era: as equipes da área de produtos são o coração da empresa. São elas que criam recursos e produtos.

O objetivo final das equipes dessa área é criar o perfeito ajuste entre o produto e o mercado. Se você tiver o produto certo para o mercado certo na hora certa, pé na tábua. Eddy Cue, um executivo da Apple que ajudou a criar a App Store, recorda que, quando apresentou o conceito da loja à diretoria da Apple, Bill rapidamente entendeu como era importante. Para alguns, parecia algo que simplesmente era bom ter, mas Bill percebeu seu imenso potencial. "Alguns faziam perguntas sobre o funcionamento da loja", diz Eddy, "enquanto as perguntas de Bill eram sobre como poderíamos criá-la mais rápido." Esse era um tema constante para Bill, que ele pregava para nós e para outros: se você tem o produto certo para o mercado certo na hora certa, *corra o máximo que puder*. Pequenas coisas vão dar errado e você terá que consertá-las rapidamente, mas a velocidade é essencial.

Isso significa que o financeiro, as vendas ou o marketing não devem dizer às equipes de produtos o que fazer. Em vez disso, esses grupos podem fornecer informações sobre quais problemas dos clientes precisam de solução e que oportunidades veem.*[20] Eles descrevem a parte do mercado na "adequação do produto ao mercado". Então deixam que as equipes de produto trabalhem e se livram de coisas que possam atrasá-las. Como Bill frequentemente comentava: "Por que o marketing está perdendo influência? Porque esqueceu seu primeiro nome: produto".

Bill gostava de contar uma história sobre quando estava na Intuit e começaram a investir em produtos bancários. Eles contrataram gestores de produto com experiência bancária. Um dia, Bill estava em uma reunião com um desses gestores, que apresentou aos engenheiros uma lista de recursos que queria que eles desenvolvessem. E Bill disse ao pobre gestor de produto: "Se você disser a um engenheiro da Intuit que recursos quer, vou botá-lo na rua. Diga a eles que problema tem o consumidor, dê-lhes o contexto, mostre quem é o cliente e deixe-os descobrir os recursos necessários. Eles vão lhe apresentar uma solução muito melhor do que você poderia conseguir lhes dizendo o que desenvolver".

Isso não significa deixar os engenheiros à vontade, sem restrições, fazendo o que quiserem. Pelo contrário; as equipes de produtos precisam fazer parcerias com essas outras áreas desde o início, integradas em um grupo multifuncional que toca adiante novas ideias que resolvam problemas e criem oportunidades. Lembre-se, Bill era o cara do marketing que literalmente andava pela rua com os engenheiros para resolver um problema. Isso significa que os engenheiros (e outras pessoas que criam produtos) têm influência e precisam ter certa liberdade. Ron Sugar, membro do conselho da Apple e ex-CEO da Northrop Grumman, diz: "Bill me ajudou a entender que, em uma empresa como a Apple, o grau de independência do

* As equipes de produtos inovadores devem usar o conhecimento dos problemas só como ponto de partida. Em um artigo de janeiro-fevereiro de 2017 publicado na *Harvard Business Review*, o autor e consultor Thomas Wedell-Wedellsborg destaca que muitas equipes que buscam soluções para problemas não levam em conta se estão resolvendo o problema certo. Wedell-Wedellsborg descreve sete práticas para "reenquadrar" os problemas, o que pode levar a soluções novas e surpreendentes.

pensamento criativo, a possibilidade de não ser tão conformista, é um ponto forte. É preciso acolher esse lado inconformista".

Quando era CEO da Intuit, Bill almoçava com todos os diretores de engenharia toda sexta-feira, e eles passavam algumas horas conversando sobre o que estavam fazendo e o que os estava retardando. Para um homem que não era de tecnologia, Bill se virava muito bem discutindo detalhes com os *geeks*; os executivos precisam poder conversar com os engenheiros, mesmo não sendo da área de engenharia. E os *geeks* sabiam que teriam a atenção do CEO toda semana. Foi assim que Bill lhes garantiu asas para voar.

É NA ÁREA DE INOVAÇÃO QUE GENTE MALUCA GANHA ASAS

O OBJETIVO DE UMA EMPRESA É DAR VIDA À VISÃO DE UM PRODUTO. TODOS OS OUTROS COMPONENTES ESTÃO A SERVIÇO DO PRODUTO.

De cabeça erguida

No mundo empresarial, demissões são inevitáveis, talvez mais ainda no mundo das startups e da tecnologia. Segundo o ponto de vista de Bill, deixar as pessoas irem embora é uma falha de gestão, não dos que estão saindo. Por isso, é importante para a administração deixar que as pessoas saiam de cabeça erguida. É preciso tratá-las bem, com respeito; ser generoso nos acordos de rescisão; fazer circular uma mensagem internamente celebrando suas realizações.

Bill praticava esses cenários com aqueles que aconselhava. Shishir Mehrotra, de quem Bill foi coach durante toda a sua carreira, teve que demitir um dos líderes da engenharia de uma startup onde trabalhava. Antes de Shishir conversar com a pessoa, ele e Bill descreveram como se conduziria a reunião, linha por linha, pensando inclusive nos detalhes práticos, como quem se sentaria onde na sala. "Seja claro desde o início da conversa", disse Bill. "Mostre seu raciocínio e dê detalhes." Shishir sabia que a demissão seria uma surpresa para o engenheiro, e por isso Bill o repreendeu. "Bill me disse que eu havia pisado na bola", diz Shishir. "A coisa não deveria ser uma surpresa."

Como Ben Horowitz observa em seu livro *O lado difícil das situações difíceis,* tratar bem aqueles que estão sendo demitidos é importante para o moral e o bem-estar do resto da equipe. "Muitas pessoas que você demite terão um relacionamento mais próximo que o seu com as que ficam, portanto, trate-as com o respeito apropriado. Mas a empresa deve seguir em frente, por isso, tome cuidado para não se desculpar demais." As pesquisas confirmam esse ponto: os funcionários demitidos se importam com quem os está demitindo e com a qualidade da explicação que recebem. Conduzir demissões corretamente tem um impacto positivo tanto nos demitidos quanto naqueles que ficam na empresa.[21]

Demitir pessoas por questões de desempenho exige respeito semelhante. Isso tem que ser feito às vezes, e é difícil. Bill nos dizia: "Quando você demite alguém, fica péssimo por um dia, mas, depois, diz a si mesmo que deveria ter feito isso antes. Ninguém tem êxito em sua terceira chance". Se você já teve a péssima incumbência de demitir alguém e se lembra dessa experiência, perceberá que isso é absolutamente correto. Mas, como dissemos, você deve deixar que as pessoas saiam de cabeça erguida.

Como Bill disse uma vez a Ben Horowitz acerca de um executivo que estava indo embora: "Ben, você não pode deixá-lo manter seu emprego, mas sem dúvida pode deixá-lo manter seu respeito".[22]

DE CABEÇA ERGUIDA
SE TIVER QUE DEIXAR QUE AS PESSOAS SAIAM DA EMPRESA, SEJA GENEROSO, TRATE-AS BEM E CELEBRE SUAS REALIZAÇÕES.

Bill nos conselhos de diretoria

Imagine por um momento que você é membro do conselho diretor da Apple. É o final dos anos 2000, e você acaba de encerrar um longo dia na sede da empresa em Cupertino, Califórnia, onde esteve analisando informações financeiras e vendo em primeira mão o que há de mais recente em uma série de novos produtos deslumbrantes. Você está cansado, mas entusiasmado; lembre-se, cerca de uma década atrás essa empresa estava quase falida! Você, seus colegas do conselho e um punhado de executivos da Apple vão até um restaurante japonês chamado Mitsunobu, no vizinho Menlo Park, para relaxar e se divertir depois de um dia agitado. É um grupo grande, que tem que se dividir em duas mesas de um salão privado. Você pede uma taça de vinho e saboreia um delicioso sashimi de salmão enquanto discute coisas sérias com as pessoas ilustres de sua mesa.

De repente, uma explosão de risadas na outra mesa interrompe a atmosfera plácida, seguida por um grito, depois outra explosão. Irritado, você olha para a outra mesa, justo na hora em que Bill Campbell joga o guardanapo em Al Gore, que o tira de sua testa e o joga de volta. Bill continua contando sua história, quando Al e o resto da mesa começam a rir de novo. É como um jantar no qual você está sentado com os outros adultos, enquanto na outra mesa, cheia de crianças, está toda a diversão. *Eu gostaria de estar sentado com eles*, você pensa.

Bill Campbell sabia como se divertir. Ele transformava qualquer mesa em mesa das crianças, mesmo em jantares após reuniões do conselho, nos quais em geral se abordam assuntos serenos (ou seja, chatos). Oficialmente, Bill fazia parte apenas de alguns conselhos (incluindo o da Apple), mas participava informalmente de muitos outros e tinha bastante experiência em administrá-los como CEO da Claris, da GO e da Intuit. Ele sabia como ocasionalmente se divertir com os conselhos, mas também desenvolveu uma série de diretrizes poderosas sobre como os CEOs deveriam trabalhar com seus conselhos diretores para tirar o máximo proveito deles. Um conselho bom e eficaz pode ser um enorme trunfo para uma empresa, ao passo que um fraco acaba sendo uma perda de tempo. Fazer isso direito é importante, e, você sendo ou não um CEO com a responsabilidade de administrar um conselho diretor, essa experiência fornece bons ensinamentos para lidar com qualquer tipo de reunião grande com pessoas com pouco tempo e muito ego.

A perspectiva de Bill sobre os conselhos diretores começa com esta observação: é o CEO que administra as reuniões do conselho e o conselho, e não o contrário.*[23] As reuniões do conselho são um fracasso quando o CEO não tem uma agenda e a segue. Essa agenda deve sempre começar com atualizações operacionais: o conselho precisa saber como a empresa está se saindo. Isso inclui relatórios financeiros e de vendas, status do produto e métricas sobre o rigor operacional (contratação, comunicações, marketing, suporte). Se o conselho tiver comitês, por exemplo, para supervisionar auditoria e finanças ou salários, faça com que eles se reúnam antes (pessoalmente ou por telefone ou videoconferência) e apresentem dados atualizados na reunião do conselho. A primeira coisa a fazer

* A questão "quem administra quem" muitas vezes é fonte de tensão nos conselhos de diretoria. Como diz um artigo de 2003 da Universidade da Califórnia, em Berkeley, "o CEO tem incentivos para 'cativar' o conselho, a fim de garantir seu emprego e aumentar os outros benefícios que tem por ser CEO. Os diretores têm incentivos para manter sua independência, monitorar o CEO e substituí-lo se seu desempenho for fraco".

sempre precisa ser uma discussão franca, aberta e sucinta sobre como a empresa está se saindo.

Grande parte desse material pode ser enviada aos membros do conselho com antecedência, para que possam revisá-los e se atualizar antes de comparecerem à reunião. Se você jogar na tela todos os relatórios financeiros durante uma reunião do conselho, eles vão querer falar sobre isso para sempre, e você acabará se atolando em detalhes operacionais que provavelmente não precisam da atenção da diretoria. Mande aos membros do conselho detalhes financeiros e operacionais com antecedência, na expectativa de que eles os analisem e cheguem com perguntas.

E quando dizemos "na expectativa", queremos dizer: os membros do conselho que não fazem o dever de casa não devem permanecer. Dan Rosensweig, certa vez, tinha um sujeito em seu conselho na Chegg que não lia nada antes da reunião e depois ficava muito tempo perguntando sobre detalhes que estavam no material que deveria ter lido. Em uma reunião do conselho, Dan ficou bravo com ele por desperdiçar o tempo de todos. Mais tarde, Bill, que estava na reunião, disse a Dan que ele não deveria perder a calma daquela maneira. "Mande para o sujeito, uma semana antes, um conjunto de informações e diga-lhe exatamente quais páginas você vai abordar na reunião e o que espera que ele faça." E foi isso que Dan fez. E a mesma coisa aconteceu: o sujeito apareceu despreparado e perdeu muito tempo fazendo perguntas sobre aquilo que já deveria saber.

"Sim, eu estava errado", Bill disse a Dan depois. "Demita-o."

Em nossas reuniões de diretoria no Google, Bill sempre pressionava Eric para se assegurar de que a análise das operações incluísse as coisas boas e as ruins. Aqui está o que fizemos bem e que nos causa orgulho; aqui está o que não fizemos tão bem. O que é bom é sempre fácil de compilar; as equipes adoram apresentar ao conselho diretor seus melhores sucessos. Mas o que é ruim, nem tanto. Pode ser necessária certa persuasão para que as equipes sejam completamente francas sobre seu desempenho aquém do esperado, e, de fato, Eric muitas vezes rejeitou uma versão preliminar do conselho sobre os pontos fracos por não ser honesta o bastante. Ele insistia que os aspectos negativos tinham que ser autênticos, e, consequentemente, o conselho veria as más notícias junto com as boas.

Criar um conjunto robusto de aspectos negativos pode implicar fornecer dados honestos sobre coisas que vão desde crescimento de receita e limitações de produtos até atrito entre funcionários e preocupações com o ritmo da inovação. Um artigo de 2002 da *Harvard Business Review* destaca que um "ciclo virtuoso de respeito, confiança e franqueza" é uma das coisas que fazem "ótimos conselhos de diretoria".[24] E esse nível de honestidade dá um tom de transparência e probidade que repercute em toda a empresa. Uma empresa que é honesta com seu conselho diretor também pode ser honesta consigo mesma; as pessoas aprendem que não só é legal compartilhar as más notícias, como também é esperado. Determinar os aspectos negativos é uma tarefa importante, algo a ser cuidado por pessoas que administram a empresa, e não a ser deixado para funções de suporte, como finanças ou comunicações. No Google, tínhamos gestores de produto cuidando disso.

Mas... *não* incluímos os pontos altos e baixos nas informações que enviamos aos membros do conselho antes da reunião. Se fizermos isso, eles passarão muito tempo obcecados com os pontos baixos e vão querer começar a reunião por aí.

Quem deve fazer parte do conselho? Pessoas inteligentes, com bons conhecimentos de negócios, para quem a empresa seja profundamente importante e que estejam genuinamente interessadas em ajudar e apoiar o CEO. Quando Dick Costolo assumiu o cargo de CEO do Twitter, o conselho consistia em vários investidores de risco, alguns membros da equipe fundadora e ele. Bill ajudou Dick a mudar isso e chamar mais profissionais com muita experiência na gestão de negócios. "Você precisa de outros homens de negócios em quem se apoiar", disse a Dick.

Ele também era bastante claro sobre a definição de um diretor ruim: "Alguém que simplesmente entra e quer ser o sujeito mais esperto da sala e fala demais".

BILL NOS CONSELHOS DE DIRETORIA
É TAREFA DO CEO ADMINISTRAR OS CONSELHOS DIRETORES, NÃO O CONTRÁRIO.

Falaremos mais nos próximos capítulos sobre o papel de Bill como coach, no Google e em várias outras empresas, e sobre como ele causou um enorme impacto nesse papel. Mas ele também era imensamente perspicaz como executivo. Lembre-se de que em menos de cinco anos ele passou de treinador de futebol americano de faculdade a executivo sênior de uma empresa que fazia parte da lista da *Fortune 500*. Ele era um excelente executivo. E chegou a isso por meio da prática dos pontos abordados neste capítulo: com excelência operacional, pondo as pessoas em primeiro lugar, sendo decidido, comunicando-se bem, sabendo como tirar o máximo proveito das pessoas mais desafiadoras, focando a excelência do produto e tratando bem os funcionários demitidos.

CAPÍTULO 3

Construa um envoltório de confiança

A certa altura, quando Bill Campbell era CEO da Intuit, a empresa estava tendo um trimestre difícil e parecia que não conseguiria atingir suas metas de receita e lucro. Quando o conselho se reuniu para discutir o que fazer, a maioria dos membros estava disposta a tolerar a não realização das metas financeiras de curto prazo, pois achava que era mais importante para a empresa investir no futuro. As metas de curto prazo não eram tão importantes quanto o crescimento de longo prazo, que poderia ser sacrificado se os gastos fossem reduzidos. Bill discordava. Ele queria enxugar o orçamento e atingir as metas. "Essa é a cultura que queremos ter por aqui", explicou. A questão não era tanto atingir essas metas de curto prazo, mas, sim, criar uma cultura na qual nada menos que a excelência operacional fosse tolerado. Ele achava que era tarefa da administração entregar resultados, e não só para os acionistas, mas também para a equipe e os clientes. O conselho queria focar o longo prazo investindo, no entanto Bill sabia que também estaria investindo no sucesso de longo prazo da empresa incutindo uma forte disciplina operacional.

Essa situação em particular estava assumindo a forma de um desacordo incomum entre um conselho leniente e um ex-treinador de futebol americano disciplinado que se tornara CEO. À medida que a palavra ia passando pela sala, a maioria dos membros do conselho se pronunciava a favor de aceitar a crise para investir no futuro. Eles discordavam de seu CEO. Por fim, foi a vez de John Doerr se manifestar. "Sabem, acho que devemos apoiar o Treinador." John disse que esse foi o momento em que conquistou a confiança de Bill Campbell. "O conselho podia ter razão", diz ele, "mas a resposta certa não é apoiar seu CEO?". Quase não importava o tema do debate; era algo que despertava a paixão de Bill, e John decidiu apostar nele. Ele confiou em Bill.

Talvez a moeda de troca mais importante em um relacionamento – pode ser de amizade, romântico, familiar ou profissional – seja a confiança. Isso certamente era verdade para Bill Campbell. Se Bill não confiasse em você, você não se relacionava com ele. Mas se ele confiasse em você e vice-versa, essa confiança seria a base para todos os outros aspectos do relacionamento. A confiança, obviamente, é importante em qualquer relacionamento, mas, na maioria das relações de negócios, ela é acompanhada por outros fatores: interesses pessoais, troca mútua de valor. Para Bill, a confiança sempre estava em primeiro lugar; era seu superpoder. Ele sabia como estabelecê-la e, uma vez estabelecida, sabia como honrá-la. Em uma das últimas vezes que se viram, Bill disse a Alan Eustace: "Você sabe que eu faria qualquer coisa por você". E ele estava sendo sincero, devido à confiança que havia entre eles.

A confiança é um conceito multifacetado; então, o que queremos dizer com isso? Um artigo acadêmico define a confiança como "a disposição de aceitar vulnerabilidades com base em expectativas positivas sobre o comportamento de outra pessoa".[1] Isso é bastante acadêmico, porém captura o ponto essencial: confiança significa que as pessoas se sentem seguras para ser vulneráveis. Mas, em relação a Bill, confiança significa mais algumas coisas.

Confiança significa que você mantém sua palavra. Se você dissesse a Bill que faria tal coisa, faria. E o mesmo se aplicava a ele. Ele *sempre* teve palavra.

Confiança significa lealdade. Um para com o outro, para com a família e os amigos, para com sua equipe e empresa. Bill foi um dos poucos executivos da Apple a lutar para manter Steve Jobs quando ele foi demitido em 1985. Steve nunca esqueceu essa expressão de lealdade, que mais tarde se tornou a base da estreita amizade e relação profissional entre os dois.

Confiança significa integridade. Bill sempre foi honesto, e esperava o mesmo em troca. E significa capacidade, a certeza de que você realmente tinha o talento, as habilidades, o poder e a diligência para cumprir o que prometeu.

Confiança significa discrição. Quando Eric era CEO do Google, um membro de sua equipe foi diagnosticado com uma doença séria (mais tarde, ele se recuperou por completo), mas optou por não compartilhar a informação com Eric nem com o restante do grupo. A única pessoa que sabia era Bill, que não contou a ninguém. Eric descobriu isso mais tarde e, em vez de ficar aborrecido por Bill ter lhe ocultado informações, ficou feliz por saber que era ele tão confiável. Bill era capaz de guardar segredo, até mesmo de Eric, e, assim, podia ser confidente de qualquer membro da equipe. Isso é muito valioso para um coach, que sempre precisa saber o que está acontecendo, mas também precisa ser visto por seus colegas como alguém que honra a privacidade alheia.

Talvez a ideia de que a confiança seja a pedra angular do sucesso nos negócios seja óbvia, mas não consta em muitos livros sobre negócios de hoje, e isso nunca apareceu como um fator de sucesso no Google quando estávamos pesquisando e escrevendo nosso livro anterior, *Como o Google funciona*. Por isso, foi uma surpresa para nós que, quando entrevistamos as dúzias de empresários bem-sucedidos que Bill havia orientado, essa palavra surgisse repetidamente. Dean Gilbert, um ex-executivo do Google e da @Home, e um talentoso coach empresarial, diz que "Bill construía um envoltório de confiança muito depressa. Era uma coisa natural para ele, essa capacidade de criar sintonia, conexão, uma sensação de conforto e proteção. Isso é o alicerce de qualquer coaching empresarial". Vinod Khosla, cofundador da Sun Microsystems e diretor da Khosla Ventures, diz: "Eu e Bill construímos um ótimo relacionamento baseado na confiança, quer concordássemos ou discordássemos". Uma coisa importante: confiar não significa sempre concordar; na verdade, fica mais fácil discordar de alguém em quem você confia. Esses são apenas alguns dos inúmeros comentários de pessoas que trabalharam com Bill que podemos citar, todas dizendo basicamente a mesma coisa: você podia confiar em Bill. E seu sucesso resultou disso.

Uma série de pesquisas acadêmicas confirma o que Bill intuitivamente sabia: não só que a confiança é importante, mas que é a *primeira* coisa a ser criada se você quiser que um relacionamento seja bem-sucedido. É o alicerce. Por exemplo, um estudo do ano 2000 muito citado, da Universidade de Cornell, discute a correlação entre conflitos em tarefas (desacordos sobre decisões) e conflitos em relacionamentos (atritos emocionais) em equipes. O conflito em tarefas é saudável e importante para se chegar às melhores decisões, mas está altamente correlacionado com o conflito no relacionamento, o que leva a decisões e a estados de ânimo pobres. O que fazer? Construir a confiança primeiro, conclui o estudo. Equipes que confiam umas nas outras ainda terão desentendimentos, mas estes serão acompanhados por menos rancor emocional.[2]

A maioria das pessoas no ramo dos negócios, quando se encontram, vão direto pôr a mão na massa. Elas têm muitas coisas para fazer! Isso é especialmente verdadeiro na área de tecnologia – esse pessoal não é famoso por sua alta inteligência emocional ou habilidades sociais. Em nosso mundo, a postura é, muitas vezes, a primeira prova de inteligência; então, talvez eu confie em você, ou pelo menos em seu intelecto. Mas Bill adotava uma abordagem diferente, mais paciente. Ele começava o relacionamento conhecendo a pessoa além de seu currículo e habilidades. Shishir Mehrotra comenta que Bill "andava com tecnólogos motivados, mas via o mundo de uma maneira completamente diferente... Via-o como uma rede de pessoas aprendendo a conhecer os pontos fortes e fracos de cada uma e a confiar umas nas outras como o principal mecanismo para atingir as metas".

A confiança também é um tema importante para os melhores treinadores esportivos (e foi o tema da conversa de Bill com o time de futebol americano de Stanford antes de entrar em campo, quando ele foi nomeado capitão honorário em um jogo de 2012). Red Auerbach, que como treinador e executivo levou o Boston Celtics a ganhar 16 campeonatos da NBA em trinta anos (notavelmente, oito consecutivos), tinha uma maneira simples de expressar a importância da confiança: "Os jogadores não vão me enrolar porque eu não os enrolo".[3] Ele acreditava que o nível de confiança levava à estabilidade e a um maior comprometimento de seus jogadores: "Quando os jogadores veem que a administração é muito íntegra e que podem confiar em minha palavra ou na de qualquer outra pessoa da empresa, eles se sentem seguros. E se os jogadores se sentirem seguros, não vão querer sair daqui. E se não quiserem sair daqui, vão fazer tudo que puderem no campo para ficar".

Estabelecer confiança é um componente-chave para construir o que agora é chamado de "segurança psicológica" nas equipes. A segurança psicológica da equipe, segundo um estudo de 1999 da Cornell, é uma "crença compartilhada pelos membros de uma equipe de que o grupo está seguro para assumir riscos interpessoais [...], um clima de equipe [...] no qual as pessoas se sentem à vontade sendo elas mesmas".[4] Isso era exatamente o que sentíamos quando trabalhávamos com Bill. Ele rapidamente estabelecia uma relação na qual podíamos ser nós mesmos, sem medo. Não é de se surpreender que, quando o Google realizou um estudo para determinar os fatores por trás das equipes de alta performance, a segurança psicológica tenha ficado no topo da lista.* A percepção comum de que

* Mais detalhes sobre o estudo podem ser encontrados no artigo de James Graham, "What Google Learned from Its Quest to Build the Perfect Team" [O que o Google aprendeu em sua missão de construir a equipe perfeita], *The New York Times*, 25 de fevereiro de 2016.

as melhores equipes são compostas por pessoas com habilidades complementares ou personalidades similares foi refutada; as melhores equipes são aquelas que têm mais segurança psicológica. E isso começa com confiança.

É difícil discordar da ideia de que a confiança é essencial para relacionamentos produtivos. Mas, no mundo de altos riscos e grandes egos dos executivos, é mais fácil falar do que fazer (especialmente quando você se lembra de que nosso protagonista, o Treinador Bill, tinha ele mesmo um ego bastante saudável e opiniões e teimosia condizentes). Como Bill fazia? Primeiro, ele só dava coaching a quem estava aberto a isso. Se a pessoa passasse nesse teste, ele ouvia atentamente, usava total franqueza, acreditava que as pessoas a quem aconselhava poderiam realizar coisas notáveis e era intensamente leal.

Só dê coaching a quem estiver aberto a isso

Certo dia de janeiro de 2002, Jonathan foi até o escritório do Google em Mountain View achando que ia receber uma proposta formal de emprego, o cargo de diretor da crescente equipe de produtos da empresa. Ele acreditava que o emprego estava garantido, mas, quando chegou, foi escoltado para uma sala de reunião simples, onde foi recebido por um senhor mais velho e carrancudo. Foi quando Jonathan conheceu Bill. Ele não conseguia lembrar quem era esse homem, e não se deu conta, pelo menos de início, de que o sujeito era o último portão na estrada rumo ao emprego na empresa. *Sem problemas,* pensou Jonathan. *Eu sou importante, vice-presidente sênior de uma empresa de tecnologia de sucesso, a @Home. Eu consigo!*

Bill olhou para Jonathan durante o que pareceu alguns minutos, e então disse que havia conversado com alguns diretores da @Home: o cofundador, Tom Jermoluk; seu primeiro CEO, William Randolph Hearst III; e um de seus investidores, John Doerr, que também fazia parte do conselho diretor do Google. O consenso, disse Bill, era de que Jonathan era inteligente e trabalhava duro. O peito de Jonathan estufou um pouco.

"Mas nada disso me interessa", disse Bill. "Eu só tenho uma pergunta: você aceita coaching?"

Jonathan instantânea e lamentavelmente respondeu: "Depende do coach".

Resposta errada.

"Sabichões *não* estão abertos a coaching", retrucou Bill. Levantou-se para sair, dando a entrevista por encerrada, quando Jonathan se lembrou de ter ouvido dizer que Eric Schmidt tinha um coach. E, ah, meu Deus, devia ser esse cara. Jonathan mudou de atitude; passou de sabichão a subserviente, dizendo que havia sido uma piadinha (que não era exatamente uma piada), e pediu a Bill que continuasse. Depois de outro momento que pareceu durar minutos, Bill se sentou e falou que escolhia as pessoas com quem ia trabalhar com base na humildade. A liderança não tem a ver com você, e sim com servir a algo maior: a empresa, a equipe. Bill acreditava que os bons líderes crescem com o tempo, que a liderança advém a eles de suas equipes. Ele achava que pessoas curiosas que queriam aprender coisas novas eram mais adequadas para isso. Não havia espaço nessa fórmula para sabichões e sua arrogância.

Então, Bill perguntou: "O que você espera de um coach?".

Isso parecia – e de fato era – um momento que mudaria sua vida para sempre. E Jonathan não conseguia pensar em nada para dizer. Por fim – e felizmente –, no que os fãs de futebol americano poderiam chamar de um "passe Ave Maria", ele se lembrou de uma citação de Tom Landry, que foi treinador do Dallas Cowboys da NFL por vinte e nove anos, um período que incluiu 20 vitórias seguidas e dois títulos do Super Bowl: "Um coach é alguém que diz o que você não quer ouvir, que o faz ver o que você não quer ver, para que você possa ser quem sempre soube que poderia ser". "É isso que eu quero", Jonathan disse a Bill.

Deu certo. Jonathan não só conseguiu o emprego, como ganhou o coach de que achava que não precisava – mas precisava, e muito.

Quem quiser tirar o melhor proveito de um coaching precisa estar aberto a isso. A abordagem de Bill ao coaching estava enraizada em sua crença de que quase todas as pessoas têm valor, não com base em seu título ou função, e sim em quem são. Seu trabalho era torná-las melhores. Mas só se estivessem abertas a isso. E, apesar da experiência de Jonathan, a base disso era muito mais que a capacidade de tirar uma citação da cartola.

As características que Bill buscava eram honestidade e humildade, disposição de perseverar e trabalhar duro, e constante abertura ao aprendizado. Honestidade e humildade porque uma relação de coaching bem-sucedida requer um alto grau de vulnerabilidade, *muito mais* do que é o típico em uma relação profissional. Os coaches precisam conhecer o nível de autoconsciência daqueles a quem vão aconselhar; precisam não apenas entender os pontos fortes e fracos da pessoa, mas também saber quão bem ela entende seus próprios pontos fortes e fracos. Onde é honesta consigo mesma e onde estão seus pontos cegos? E o trabalho do coach é aumentar a autoconsciência dela e ajudá-la a enxergar os defeitos que não vê por si mesma. As pessoas não gostam de falar sobre esses defeitos, e é por isso que a honestidade e a humildade são tão importantes. Se não puderem ser honestas consigo mesmas e com seu coach, se não forem humildes para reconhecer que não são perfeitas, não irão muito longe nesse relacionamento.

Humildade, porque Bill acreditava que a liderança deve servir a algo maior que você: sua empresa, sua equipe. Hoje, o conceito de "liderança servidora" está em voga, diretamente ligado a uma performance melhor da empresa.*[5] Bill já acreditava nisso

* Um estudo de 2012 demonstra que as empresas de tecnologia têm maior retorno sobre ativos (ROA) quando os CEOs são líderes servidores, e o ROA é menor quando os CEOs são narcisistas.

e o praticava bem antes de a ideia se tornar popular. Pessoas abertas ao coaching são aquelas capazes de ver que são parte de algo maior que elas mesmas. Você pode ter um ego considerável e ainda ser parte de uma causa maior. Essa é uma das razões pelas quais Bill dava coaching no Google. Ele previu que a empresa tinha o potencial de causar um grande impacto no mundo, de ser muito maior em todos os aspectos do que qualquer um de seus executivos individualmente.

O oposto da pessoa honesta e humilde é o mentiroso. "Bill não suportava mentirosos", diz John Hennessy. Ele é ex-presidente da Universidade de Stanford e trabalhou em estreita colaboração com Bill em várias frentes. A oposição de Bill a mentirosos não era tanto devido à desonestidade para com os outros, e sim à desonestidade para consigo mesmos. Para receber coaching você precisa ser brutalmente honesto, começando consigo mesmo. Como diz Hennessy, "pessoas que geram muitas mentiras não podem receber coaching. Elas começam a acreditar no que dizem. Deturpam a verdade para adequá-la à mentira, o que torna a mentira ainda mais perigosa".

Talvez essa intolerância de Bill tenha nascido nos tempos do futebol americano. Como Hennessy coloca: "Não há espaço para mentiras no campo de futebol!".

SÓ DÊ COACHING A QUEM ESTIVER ABERTO A ISSO

AS CARACTERÍSTICAS DE UMA PESSOA ABERTA AO COACHING SÃO HONESTIDADE E HUMILDADE, DISPOSIÇÃO PARA PERSEVERAR E TRABALHAR DURO, E UMA ABERTURA CONSTANTE AO APRENDIZADO.

Pratique a escuta livre

Em uma sessão de coaching com Bill, você sabia que ele ouviria atentamente, sem ficar checando mensagens ou e-mails no celular, nem olhando o relógio, ou pela janela, deixando sua mente vagar. Ele estava sempre bem ali. Hoje é popular falar sobre "estar presente" ou "no momento". Temos certeza de que essas palavras nunca saíram da boca do Treinador, mas ele era um dos grandes praticantes disso. Al Gore diz que aprendeu com Bill como "é importante prestar muita atenção à pessoa com quem você está falando, [...] dar-lhe toda a sua atenção, ouvir atentamente. Só então você entra na questão. Há uma ordem para isso".

Alan Eustace chamava a abordagem de Bill de "escuta livre" – os acadêmicos a nomeiam de "escuta ativa", um termo cunhado em 1957[6] –, e nessa prática Bill seguia o conselho do grande técnico de basquete da UCLA, John Wooden, que achava que a escuta pobre era uma característica compartilhada por muitos líderes: "Todos nós seríamos muito mais sábios se ouvíssemos mais", dizia Wooden, "não só ouvir as palavras, mas ouvir sem ficar pensando no que vamos dizer".[7]

A escuta de Bill era, em geral, acompanhada de muitas perguntas – uma abordagem socrática. Um artigo de 2016 da *Harvard Business Review* destaca que essa técnica de fazer perguntas é essencial para ser um bom ouvinte: "As pessoas acham que os melhores ouvintes são aqueles que periodicamente fazem perguntas que promovem descobertas e insights".[8]

"Bill nunca me dizia o que fazer", diz Ben Horowitz. "Ele fazia mais e mais perguntas até chegar ao problema de verdade." Ben aprendeu uma lição importante com a técnica de Bill, que aplica hoje quando trabalha com seus CEOs. Muitas vezes, quando as pessoas pedem conselhos, tudo o que querem é aprovação. "Os CEOs sempre acham que precisam saber a resposta", diz Ben. "Então, quando eles me pedem conselhos, sempre ouço uma pergunta pronta. Mas nunca a respondo." Em vez disso, como Bill, ele faz mais perguntas, tentando entender as múltiplas facetas da situação. Isso o ajuda a ir além da pergunta (e resposta) pronta e descobrir o cerne de um problema.

Escutar bem ajuda a garantir que surjam todas as ideias e perspectivas. Jerry Kaplan conta uma história em *Startup: uma aventura no Vale do Silício* – seu livro sobre a GO – a respeito de como a equipe de gestão decidiu mudar a arquitetura de seu sistema de computação, passando de processadores Intel para RISC. (RISC significa *Reduced Instruction Set Computer* [Computador de Conjunto de Instruções Reduzido, em português]. Atualmente, a maioria dos computadores opera com RISC, assim como a maior parte dos smartphones.)

Bill era o CEO, mas, como Jerry narra na história, essa importante decisão estratégica surgiu de uma reunião de gestão na qual Bill levantou o problema (eles estavam começando a competir com a Microsoft, de modo que talvez devessem "ir aonde eles não estavam") e deixou sua equipe dar suas melhores ideias. Eles discutiram por um tempo, e ficaram incrédulos quando Mike Homer, que havia trabalhado com Bill na Apple (e se tornou um amigo da vida inteira), teve a ideia de mudar de processador, e Robert Carr, cofundador e diretor de software da empresa, sugeriu o RISC. Mas, gradualmente, foi ficando óbvio que essa nova ideia era a melhor, e foi isso que fizeram.[9]

Quando você ouve as pessoas, elas se sentem valorizadas. Um estudo de 2003 da Universidade de Lund, na Suécia, descobriu que coisas "mundanas, quase triviais", como ouvir e conversar com funcionários, são aspectos importantes da liderança bem-sucedida, porque "as pessoas se sentem mais respeitadas, visíveis e menos anônimas, e incluídas no trabalho em equipe".[10] Um artigo de 2016 defende que essa forma de "inquérito respeitoso", que é quando o líder faz perguntas abertas e escuta a resposta com atenção, é eficaz porque aumenta a sensação de competência do "seguidor" (sensação de ser desafiado e ter domínio do assunto), de conexão (sensação de pertença) e autonomia (sensação de estar no controle e de ter opções). Esses três fatores são uma espécie de Santíssima Trindade da teoria da autodeterminação da motivação humana, originalmente desenvolvida por Edward L. Deci e Richard M. Ryan.[11]

Como diz Salar Kamangar, um dos primeiros executivos do Google, "Bill era edificante. Independentemente do que discutíssemos, eu me sentia ouvido, compreendido e apoiado".*

PRATIQUE A ESCUTA LIVRE
OUÇA AS PESSOAS COM SUA ATENÇÃO COMPLETA E INDIVISA – NÃO PENSE NO QUE VAI DIZER DEPOIS – E FAÇA PERGUNTAS QUE LEVEM AO PROBLEMA REAL.

Nada de lacunas entre palavras e fatos

Um dia, Bill foi ao escritório de Dan Rosensweig na Chegg. Dan havia acabado de fazer uma apresentação otimista na reunião do conselho. A empresa, que estivera prestes a afundar, já estava em uma posição muito mais estável; não crescendo, mas pelo menos não fracassando. Dan e sua equipe estavam em clima de comemoração.

Bill entrou no escritório com uma viseira verde, tipo essas que os contadores usavam no início do século XX para reduzir o esforço visual. Ele entrou e foi cumprimentando as pessoas sentadas a suas mesas antes de chegar à porta da sala de Dan. "Parabéns", disse, "você salvou a empresa. Agora você é o mais bem-sucedido CEO

* Entre outras realizações notáveis do Google, Salar ajudou a criar o principal produto de publicidade da empresa, o Google AdWords, e, mais tarde, o YouTube.

do não crescimento do Vale! O financeiro pode estar feliz, mas é só, porque não foi isso que você veio fazer aqui, foi?". Ele abraçou Dan e lhe jogou a viseira. Nesse momento, Dan percebeu que havia resolvido apenas um problema – um problema grande, mas Bill estava certo. Ele não queria apenas salvar a empresa, queria crescer. A verdade foi como um tapa na cara, mas era hora de voltar ao trabalho.

Bill sempre foi 100% honesto (sempre dizia a verdade) e sincero (não tinha medo de dar uma opinião dura). O atirador mais direto. Ram Shriram, membro do conselho do Google e ex-executivo da Amazon, diz: "Bill sempre foi transparente; não tinha intenções ocultas. Não havia diferença entre suas palavras e os fatos; eram sempre os mesmos". O cofundador da Intuit, Scott Cook, relata: "Ele realmente me ensinou a ser honesto e autêntico nos feedbacks. É possível preservar o respeito e a lealdade de alguém mesmo fazendo comentários difíceis sobre seu desempenho".

A sinceridade de Bill funcionava porque sabíamos que ele falava com carinho. A ex-Googler Kim Scott, autora do excelente livro *Empatia assertiva: como ser um líder incisivo sem perder a humanidade*, diz que ser um bom chefe significa "dizer o que você realmente pensa de uma forma que permita que as pessoas saibam que se importa com elas".[12] No caso de Dan Rosensweig, por exemplo, Bill fez isso com humor, falando de algo difícil (CEO do não crescimento) com um toque engraçado (a viseira verde). A pessoa tem que gostar de você para usar essa coisa!

Um aspecto importante do feedback sincero é não esperar. "Um coach fala no momento", diz Scott Cook. "É mais real e mais autêntico, mas muitos líderes fogem disso." Muitos gestores esperam até que as avaliações de desempenho forneçam feedback, o que, em geral, é muito pouco e tarde demais. O feedback de Bill era dado no momento (ou bem próximo disso), relacionado a tarefas específicas, e sempre seguido de um sorriso e um abraço, que ajudavam a aliviar a dor.

Ele também tinha o cuidado, se o feedback fosse crítico, de dá-lo em particular. Diane Greene, diretora do Google Cloud e ex-CEO da VMware que trabalhou com Bill quando fazia parte do conselho da Intuit, aprendeu com ele a nunca envergonhar ninguém publicamente. "Quando estou muito irritada ou frustrada devido ao que alguém está fazendo", diz ela, "eu me forço a pensar no que a pessoa faz bem-feito e qual é seu valor. Sempre se pode encontrar alguma coisa. Se estivermos em público, eu elogio isso. Darei um feedback construtivo assim que puder, mas só quando a pessoa estiver se sentindo segura. Quando ela estiver segura, com apoio, eu direi: 'A propósito', e darei o feedback. Aprendi isso com Bill. Ele sempre fazia isso de um jeito solidário."

Pat Gallagher foi executivo do San Francisco Giants por muitos anos antes de eles se mudarem para o belo AT&T Park e ganharem três campeonatos mundiais. Ele era vizinho e amigo de Bill, mas também alvo de parte de sua lendária franqueza. "Você é o marketeiro com o pior estádio dos Estados Unidos [o lamentável Candlestick Park, a casa anterior do time] e um time de merda", Bill disse a Pat (supomos que Pat estava em um lugar seguro na época!). "É melhor você fazer tudo que puder para propiciar uma ótima experiência aos torcedores! É só isso que você tem."

Jesse Rogers tem uma história semelhante. Ele se tornou amigo de Bill porque seus filhos estudavam juntos na Sacred Heart, mas recebeu coaching dele enquanto tentava decidir se devia se demitir de seu emprego. Os dois conversaram muito sobre isso, e Jesse decidiu arriscar. Poucas semanas depois, quando estava se instalando em seu novo escritório, ele mandou para Bill o link do recém-inaugurado site da empresa da qual era cofundador, a Altamont Capital. Minutos depois, o telefone de Jesse tocou. Ele esperava palavras gentis e congratulações, como um tapinha nas costas verbal. Mas, em vez disso, foi com um "Seu site é uma merda!" que Bill começou, seguido de mais alguns minutos de reclamações sobre o site da Altamont não estar à altura. Disse que ali era o Vale do

Silício, onde não se podia ser uma startup de sucesso com um site de merda! Passaram-se uns dois minutos antes que Jesse pudesse dizer qualquer coisa. "O estado natural de Bill é ser opositivo e desafiar você", diz Jesse. "O bom de Bill é que ele é agressivo e tenaz ao dar feedback negativo."*

Bill também era franco com as crianças. A filha de Jonathan, Hannah, cresceu querendo jogar futebol universitário a sério, o que nos Estados Unidos significa a Divisão I. Bill a viu jogar e lhe disse que com certeza ela poderia fazer parte de um time universitário da Divisão I e até começar a participar de alguns programas. Ou poderia ir para uma faculdade da Divisão III e ser uma estrela enquanto recebia uma ótima educação. Hannah ficou frustrada, mas sabia que o Treinador estava certo. Então, ela se formou em Engenharia pela Universidade de Washington, em St. Louis, ajudou a faculdade a ganhar um campeonato da NCAA na Divisão III no último ano e recebeu o prêmio Scholar All-America.

Claro que, sendo Bill, às vezes essa franqueza podia ser apresentada em uma linguagem bastante crua. Mason Randall era um astro esportivo na Sacred Heart e *quarterback* do time de *flag football* do oitavo período, do qual Bill era treinador. Um dia, eles estavam jogando com seu arquirrival, o Menlo. Mason fez um lançamento que foi interceptado no final do jogo, o que contribuiu para a derrota da Sacred Heart. Ele estava saindo do campo, de cabeça baixa, desanimado, quando Bill se aproximou. Colocou o dedo indicador na boca, encostado na parte interna da bochecha, depois o puxou para fora, fazendo um som oco, e disse: "Mason, o que é isto?".

"É o som da minha cabeça saindo da minha bunda?", perguntou o aluno do oitavo período, repetindo uma famosa frase de Bill.

---

* Jesse foi uma das várias pessoas a usar o tempo presente ao falar sobre Bill, apesar de todas as nossas entrevistas terem ocorrido após seu falecimento. Muitos disseram que ainda pensam em Bill e em como ele os aconselharia sempre que têm que tomar decisões.

"Isso mesmo. Levante a cabeça! Nós perdemos como um time!"

O interessante – e nossa experiência com Bill sustenta isso – é que sua franqueza, não importa quão brutal fosse, fazia com que nos sentíssemos melhor. Isso parece um contrassenso, afinal de contas, quando alguém nos diz quanto erramos, deveríamos nos sentir péssimos. Mas, provindo de Bill, não; a fórmula de franqueza mais carinho funcionava muito bem! Nós sabíamos que Bill estava nos esculachando para nos ajudar a melhorar. Como diz Vinod Khosla: "Muitos não dizem o que realmente pensam, mas Bill sempre dizia o que estava pensando. Mas fazia isso de um jeito que a pessoa, mesmo que ficasse desapontada, sentia-se estimulada! Isso é um talento raro".

Dave Kinser, diretor de operações de Bill na Claris, lembra-se de uma vez que o Treinador ia esculachar um dos seus colegas executivos. Antes do "esculacho", Bill procurou Dave, disse o que ia fazer e perguntou se ele poderia falar com o executivo depois. Bill achava que o sujeito precisaria de apoio moral. Então, mais tarde, Dave timidamente entrou na sala do rapaz e ficou surpreso ao vê-lo animado. Bill havia dito coisas difíceis, mas ele aceitara muito bem. Dave voltou à sala de Bill e levou o crédito por restituir a confiança do homem, sendo que, na verdade, ela não havia sofrido nenhum dano!

NADA DE LACUNAS ENTRE PALAVRAS E FATOS

SEJA IMPLACAVELMENTE HONESTO E FRANCO, ASSOCIE FEEDBACK NEGATIVO COM CARINHO, DÊ O FEEDBACK ASSIM QUE POSSÍVEL E, SE FOR NEGATIVO, FAÇA-O EM PARTICULAR.

Não enfie sua ideia goela abaixo nos outros

E quando acabava de fazer perguntas e ouvir, ou de esculachar a pessoa, Bill, em geral, *não* lhe dizia o que fazer. Ele acreditava que os gestores não deviam aparecer com uma ideia e "enfiá-la goela abaixo" nos outros. Não diga às pessoas o que fazer, conte histórias sobre outros que fazem o que você quer sugerir.

"Eu costumava descrever o sucesso e prescrever a todos como chegar a ele", diz Dan Rosensweig. "Bill me ensinou a contar histórias. Quando as pessoas entendem a história, conectam-se com ela e descobrem o que fazer. Você precisa convencer as pessoas a comprar a ideia. É como o *running back* no futebol americano. Você não diz a ele exatamente que caminho seguir; diz onde está o buraco e qual é o esquema de bloqueio, e deixa que ele descubra."

Para Jonathan, com frequência isso acontecia como uma espécie de teste: Bill contava uma história e deixava que Jonathan fosse embora e pensasse nela até a próxima sessão, para ver se ele conseguia processar e entender a lição que continha e suas implicações. Chad Hurley, cofundador do YouTube, teve a mesma experiência. "Era como sentar com um amigo no Old Pro [o pub de Palo Alto]", diz Chad. "Bill falava sobre coisas que aconteceram com ele. Não ficava pregando, estava apenas presente."

Felizmente, Bill esperava a mesma franqueza em troca. Alan Gleicher, que trabalhou com Bill como diretor de vendas e operações da Intuit, tinha uma maneira simples de resumir como ser bem-sucedido com ele. "Não enrole. Se Bill fizer uma pergunta e você não souber a resposta, não enrole. Diga que você não sabe!" Para Bill, honestidade e integridade não eram apenas manter sua palavra e dizer a verdade; significavam também ser franco e direto. Isso é essencial para um coaching eficaz; um bom coach não esconde as coisas difíceis de falar – na verdade, um bom coach vai expô-las. Ele chega ao cerne das coisas difíceis.

Os estudiosos descreveriam a abordagem de Bill – escutar, dar feedback honesto, exigir franqueza – como "transparência relacional", que é uma característica fundamental da "liderança autêntica".[13] O professor de Wharton Adam Grant tem outro termo para isso: "doadores desagradáveis". Em um e-mail para nós, ele disse: "Muitas vezes, sentimo-nos divididos entre apoiar e desafiar os outros. Os cientistas sociais chegam à mesma conclusão em relação à liderança e à paternidade e maternidade: é uma falsa dicotomia. Você quer ser solidário *e* exigente, impor altos padrões e expectativas, mas dando o incentivo necessário para alcançá-los. Basicamente, é um amor duro. Doadores desagradáveis são rudes e duros na superfície, mas, por baixo, querem o melhor para os outros. Eles dão o feedback crítico que ninguém quer ouvir, mas de que todo mundo precisa".

Pesquisas feitas com organizações mostram o que Bill parecia saber instintivamente: que essas características de liderança levam a um desempenho melhor da equipe. Um estudo de uma rede de lojas de varejo descobriu que, quando os funcionários viam seus gestores como autênticos (por exemplo, concordando que o gestor "diz exatamente o que pensa"), confiavam mais nos líderes, e as lojas tinham mais vendas.[14]

NÃO ENFIE SUA IDEIA GOELA ABAIXO NOS OUTROS

NÃO DIGA ÀS PESSOAS O QUE FAZER; CONTE HISTÓRIAS E AJUDE A GUIÁ-LAS PARA AS MELHORES DECISÕES PARA SI MESMAS.

Pregue a coragem

Em 2014, o Twitter estava negociando uma parceria com o Google que permitiria que este incluísse tweets em seus resultados de pesquisa. Dick Costolo, CEO do Twitter na época, estava trabalhando no acordo com sua equipe. Havia muitas preocupações sobre os termos, de modo que a equipe defendia um acordo menor, para fazer um teste primeiro. Em sua reunião individual com Bill, Dick lhe falou sobre o progresso das negociações.

"Isso é coisa para atacar de frente", disse Bill. Dick não deveria ficar comendo pelas beiradas; deveria pressionar para chegar à solução mais ousada possível. Se era para fazer algo grande, não havia como prever todos os detalhes e problemas menores, então talvez ele devesse assinar um contrato de curto prazo. Mas o ponto principal era dar um grande passo. "Você tem uma grande ideia nas mãos! Invente um caminho mais corajoso." Dick fez com que a equipe fosse mais agressiva, e, alguns meses depois, anunciaram um acordo para dar ao Google acesso ao fluxo de dados do Twitter.

Sob a perspectiva de Bill, a tarefa de um gestor é forçar a equipe a ser mais corajosa. Coragem é difícil. As pessoas naturalmente têm receio de correr riscos por medo do fracasso. É tarefa do gestor empurrá-los para além de suas reticências. Shona Brown, executiva do Google de longa data, chama isso de ser "pregador da coragem". Como coach, Bill era um incansável pregador da coragem. Conforme Bill Gurley observa, ele "enchia a todos de confiança". Ele acreditava que a pessoa podia fazer coisas, mesmo quando ela mesma não tinha tanta certeza, sempre a forçando a ir além de seus limites autoimpostos. Danny Shader, fundador e CEO da PayNearMe, que trabalhou com Bill na GO, diz: "O que mais aprendi nas reuniões com Bill foi coragem. Eu sempre saía pensando: *Eu posso fazer isso*. Ele acreditava que você era capaz de fazer coisas que você mesmo não se julgava capaz de fazer".

Emil Michael relata: "Ele sempre me transmitia ousadia. E isso sempre me motivava muito. É algo que aprendi com Bill: seja a pessoa que dá energia, não a que tira". Essa qualidade de dar constante encorajamento, de ser a pessoa que dá energia, tem se mostrado um dos aspectos mais importantes do coaching eficaz.*[15]

Shishir Mehrotra fundou sua primeira empresa, a Centrata, em 2001. Pouco depois, recebeu um telefonema de um de seus investidores. A empresa estava em dificuldades e precisava cortar despesas. O investidor havia analisado o currículo de todos os funcionários e selecionado as pessoas que achava que deviam ser demitidas. Eram principalmente os cargos juniores; ele acreditava que precisava manter os mais experientes. O problema era que a maioria das pessoas selecionadas pelo investidor eram cofundadoras da Centrata. Shishir não achava que demiti-las era uma jogada inteligente, mas, pressionado pelo investidor, fez isso. E então, ligou para Bill.

Bill ficou furioso. Onde estava a coragem de Shishir? "O conselho que ele constantemente me dava, mesmo naquela época, era confiar em meus instintos", diz Shishir. "Eu tinha 22 anos!" Bill perguntou a Shishir se ele achava que demitir os juniores era o certo. A resposta de Shishir foi que não, essas pessoas são as cofundadoras, são as que mais se importam com a empresa. Os seniores parecem mais mercenários. Eles vão embora assim que as coisas ficam difíceis. Bill ensinou Shishir a ter a coragem de seguir seus instintos, e, então, ele voltou atrás e recontratou aqueles que havia acabado de demitir. Elas formaram o núcleo da Centrata durante muitos anos.

Para Bill, transmitir ousadia não era torcer cegamente. Ele acreditava que a maioria das pessoas tem valor, e tinha experiência suficiente e olho bom para o talento, de modo que, em geral, sabia

* Por exemplo, um estudo de 2011 da Ashridge Business School, no Reino Unido, classifica o "encorajamento" como a terceira qualidade mais apreciada em um coach, atrás apenas da escuta e da compreensão.

do que estava falando. Ele tinha tanta credibilidade que, se dissesse que alguém poderia fazer alguma coisa, a pessoa acreditava, não porque Bill era um líder de torcida, e sim porque era um coach e um executivo experiente. Ele baseava sua mensagem nas capacidades e no progresso de cada um. Esse é um aspecto fundamental quanto ao incentivo que um coach dá: ele precisa ter credibilidade.*[16]

E se a pessoa acreditasse nele, começava a acreditar em si mesma, o que naturalmente a ajudaria a realizar qualquer tarefa assustadora que tivesse diante de si. "Ele me permitiu avançar", diz a CFO da Alphabet, Ruth Porat, "confiar em meu julgamento".

Essa confiança é ainda mais importante quando as coisas estão difíceis. Millard "Mickey" Drexler, ex-CEO da J.Crew e da Gap, que ficou no conselho da Apple por dezesseis anos ao lado de Bill, acredita firmemente no modelo de CEO como coach, em especial em tempos difíceis. Quando as coisas estão ruins, "as pessoas vêm para o trabalho todos os dias desanimadas. Todo mundo se sente péssimo. Como líder, você não pode resolver os problemas sozinho, nem pode 'curar' os funcionários quando o moral está baixo. Então, você precisa construir a confiança da equipe".

Bill estabelecia altos padrões para aqueles que aconselhava; acreditava que eles podiam ser mais do que pensavam. Isso criava uma aspiração para cada um de nós, e um desapontamento quando achávamos que não estávamos vivendo à sua altura. Bill definia um padrão para nós mais alto do que o que nós mesmos estabelecíamos. E quando se aborda as pessoas com essa mentalidade, elas respondem.

* Um artigo científico de 2014, de Y. Joel Wong, da Universidade de Indiana, mostra que a "confiabilidade percebida naquele que incentiva" é uma característica importante na diferenciação entre encorajamento efetivo e atitudes tipo "torcida cega".

SEJA O PREGADOR DA CORAGEM
ACREDITE NAS PESSOAS MAIS DO QUE ELAS ACREDITAM EM SI MESMAS, E PRESSIONE-AS PARA QUE SEJAM MAIS CORAJOSAS.

Identidade plena à frente e no centro

David Drummond é diretor de desenvolvimento corporativo e assuntos jurídicos da Alphabet, e é afro-americano. "Quando você vem de um contexto não tradicional – se você é negro –, normalmente não se enquadra", diz David. "Há uma forte pressão para se adequar e não mostrar essa parte de si mesmo. No Vale do Silício, você deve ser técnico ou vir de uma faculdade de administração chique." Bill Campbell não era nenhum dos dois, mas, mesmo assim, como afirma David, "colocava sua identidade plena à frente e no centro".

Bill e David conversavam sobre isso, e o Treinador dizia a David que muito do que ele era se devia ao lugar de onde vinha, e que deveria se agarrar a isso como uma fonte de motivação e força. "Ele me ajudou a ser menos inseguro pelo fato de não ser como todo mundo, de ser negro."

Uma coisa que aprendemos ao entrevistar pessoas para este livro foi quanto Bill as encorajava a ser elas mesmas no trabalho, isso bem antes de o meme "bringing your whole self" [trazer seu eu todo] se tornar tão popular. Mas isso não era algo que nós ouvíamos diretamente dele; homens heterossexuais brancos que frequentaram faculdades de primeira (ou seja, nós) em geral não têm problemas para ser eles mesmos no trabalho. Mas, como um sujeito de uma cidade de classe trabalhadora, ex-treinador de futebol americano sem formação técnica que caiu de paraquedas no Vale do Silício no início dos anos 1980, Bill tinha experiência em se sentir fora de lugar. No entanto, ele sempre foi totalmente autêntico, e não esperava menos que isso daqueles a quem dava coaching. Ele achava que as pessoas, quando podem ser autênticas por completo a ponto de mostrar seu verdadeiro eu no trabalho, são mais respeitadas por seus colegas e valorizam mais quando os outros fazem o mesmo.

Brad Smith (ex-CEO da Intuit) e Shellye Archambeau (ex-CEO da MetricStream) receberam conselhos semelhantes de Bill. Brad é da Virgínia Ocidental e ostenta um forte sotaque. No início de sua carreira, ele foi aconselhado a fazer exercícios de fonoaudiologia para perdê-lo. Ele decidiu não fazer isso. "Percebi que meu sotaque não é um defeito, e sim uma característica", diz Brad (misturando perfeitamente a linguagem do Vale do Silício com o sotaque da Virgínia Ocidental). "As pessoas preferem líderes que são diferentes porque fazem a liderança parecer mais acessível." Shellye é afro-americana e, no início de sua carreira, quando trabalhava na área de vendas da IBM, tentou se despir de sua cultura e se vestir e agir como todo mundo. Bill a ajudou a superar isso. "Ele me incentivou a me vestir do jeito que me sentisse mais à vontade, porque as pessoas sabem quando você não está sendo autêntico", diz ela. "Então tentam descobrir o porquê, e isso gera desconfiança."

IDENTIDADE PLENA À FRENTE E NO CENTRO

AS PESSOAS SÃO MAIS EFICAZES QUANDO PODEM SER TOTALMENTE AUTÊNTICAS E LEVAR SUA IDENTIDADE PLENA AO TRABALHO.

Esses são os elementos que formavam a base do sucesso de Bill como coach executivo – e que aqueles que se beneficiaram de seu coaching levaram consigo quando se tornaram coaches de seus próprios colegas e subordinados diretos. Ele começava construindo a confiança, que se aprofundava cada vez mais com o tempo. Também era altamente seletivo na escolha de quem que aconselhava; só dava coaching aos que estavam abertos a isso, a pessoas humildes com sede de aprendizagem constante. Ele ouvia atentamente, sem distração. Em geral, não nos dizia o que fazer; em vez disso, contava histórias e nos deixava tirar conclusões. Ele dava e exigia total franqueza. Era um pregador da coragem, mostrando plena confiança e estabelecendo altas aspirações.

Tudo isso criava uma atmosfera incrível quando estávamos na sala com ele: era um clima dedicado a nos tornar melhores. Como diz o ex-CEO do eBay John Donahoe: "Não eram tanto os conselhos e os pontos de vista que ele me dava. Com Bill, você fechava os olhos e sentia quem ele era. Eu sentia mais do que ouvia".

CAPÍTULO 4

A equipe em primeiro lugar

Quando o Google abriu o capital, em agosto de 2004, criou duas classes de ações. As ações de classe A foram vendidas ao público, cada uma acompanhada do tradicional direito a voto: uma ação equivale a um voto. Mas as ações de classe B eram diferentes: cada uma equivalia a dez votos. As ações dessa classe não foram vendidas publicamente, e sim para gente do Google, como os cofundadores Larry Page e Sergey Brin, e o CEO Eric. Essa estrutura de "dupla classe" garantiu que os fundadores e a equipe executiva do Google mantivessem o controle da empresa. Isso era incomum na época, e altamente controverso, e provocou debates públicos nos meses que antecederam a IPO [oferta pública inicial].*

Para Larry e Sergey, a estrutura era um elemento crucial para a visão que tinham para a empresa. Ambos admiravam Warren Buffett, e passaram a conhecer a estrutura de ações de dupla classe que a Berkshire Hathaway empregava. Eles sempre consideraram o Google uma instituição e um negócio. Acreditavam fervorosamente

* Os primeiros exemplos de empresas com estruturas de dupla classe foram a Ford, a New York Times Company e a Berkshire Hathaway. Desde 2004, estruturas com diferentes direitos de voto para diferentes classes de ações se tornaram mais comuns, sendo adotadas por Facebook, LinkedIn e Snap, entre outros.

em pensar no longo prazo, em fazer grandes apostas e grandes investimentos nelas sem ter que levar em conta os altos e baixos trimestrais do mercado aberto. Sua preocupação era que o Google perderia essa propensão a "pensar grande" uma vez que abrisse seu capital, e viram a estrutura de ações de dupla classe como uma maneira de se proteger contra isso. Seus interesses estariam sempre alinhados com os dos acionistas, raciocinaram, porque pensar e investir no longo prazo era a melhor maneira de maximizar o valor para todos.

Eric estava no centro desse debate. Depois de muitas horas conversando com os fundadores, ele se convenceu de que a abordagem deles era a melhor. Ele acreditava que manteria o Google no caminho certo não apenas em relação a seus negócios atuais, mas também a sua missão mais ampla de organizar as informações do mundo; e isso, na verdade, levaria à criação de maior valor para os acionistas que a estrutura tradicional. Ele defendeu isso perante o conselho, mas ainda houve muita discussão.

Paralelamente, alguns membros estavam pensando em contratar um novo presidente para o conselho, alguém que fosse mais independente da empresa, e a discussão sobre as duas classes de ações os empurrou ainda mais nessa direção. Perguntaram a Eric se ele se afastaria da presidência e permaneceria como CEO.

Eric ficou chateado com isso. Achava que havia feito um bom trabalho em seus três anos como presidente e CEO, com o que, até onde sabia, o conselho concordava. Ele havia conquistado a confiança dos fundadores e dos funcionários, a empresa se saíra muito bem e estavam prestes a abrir o capital. E por isso eles queriam tirá-lo da presidência? Ele ligou para Bill e lhe deu seu ponto de vista sobre a situação.

"O que você vai fazer?", perguntou Bill.

Em um momento cheio de orgulho e mágoa, Eric disse: "Vou sair do Google".

"Ok", disse Bill. "Quando?"

Nesse momento, como coach da equipe executiva do Google, Bill passou a ser um jogador crucial para o futuro da empresa. A melhor equipe da área da tecnologia estava prestes a se separar. Bill não podia deixar isso acontecer. A reunião com a diretoria, quando tudo isso seria decidido – quando Eric renunciaria não apenas à presidência, mas talvez ao cargo de CEO também – seria na quinta-feira, dali a alguns dias. Bill começou a trabalhar.

Bill Campbell era um treinador de times. Ele os montava, moldava, colocava os jogadores certos nas posições certas (e tirava os jogadores errados das posições erradas), aplaudia-os e os esculachava coletivamente quando seu desempenho era ruim. Ele sabia, como costumava dizer, que "você não consegue fazer nada sem um time". Esse é um aspecto óbvio na área dos esportes, mas é frequentemente subestimado nos negócios. "Você só pode ter sucesso de verdade e realizar as coisas por meio do coletivo, do propósito comum", diz Lee C. Bollinger. "De muitas maneiras, as pessoas não entendem isso e, mesmo quando entendem, não sabem como fazer. E nisso estava a genialidade de Bill."

O princípio-guia de Bill era que a equipe é fundamental, e a coisa mais importante que ele procurava e esperava nas pessoas era uma postura de "equipe em primeiro lugar". Os times não serão bem-sucedidos se todos os membros não forem leais, e, quando necessário, subjugarem seus interessem pessoais em nome do coletivo. A vitória da equipe tem que ser a coisa mais importante. Talvez Charles Darwin tenha expressado melhor isso em seu livro *A origem do homem e a seleção sexual*: "Uma tribo que incluísse muitos membros, que, por possuírem um alto grau de espírito de patriotismo, fidelidade, obediência, coragem e compaixão, estivessem sempre prontos a se ajudar mutuamente e se sacrificar pelo bem comum, seria vitoriosa sobre a maioria das outras tribos; e isso é a seleção natural".[1]

Em 2004, Bill notou acertadamente que os sentimentos estavam sendo reprimidos durante as discussões sobre a IPO, a maneira como estruturar a empresa e a ideia de Eric renunciar à presidência. Ele entendeu que Eric estava magoado, mas também sabia que a equipe precisava que ele ficasse. Também achava que Eric era a melhor pessoa para a presidência da empresa, naquele momento e no futuro previsível. Então, pensou na situação e ligou para Eric no dia seguinte. "Você não pode sair, a equipe precisa de você", disse. "O que acha de renunciar à presidência e ficar como CEO?" E então, em algum momento não muito distante, Bill faria com que Eric fosse reintegrado à presidência.

Ele ofereceu um acordo razoável e apelou para a lealdade de Eric ao Google. "Essa não é uma batalha para hoje", disse a Eric. "Seu orgulho está interferindo naquilo que é melhor para a empresa e para você."

Eric viu que Bill estava certo, e não tinha dúvidas de que o Treinador poderia implementar o que estava propondo, de modo que concordou. Conversaram sobre como seria a reunião do conselho, e, quando chegou a quinta-feira, Eric estava bem preparado. Ele abandonou o cargo de presidente e permaneceu como CEO. Mais tarde, em 2007, foi reintegrado à presidência, cargo que ocupou até abril de 2011. E foi presidente-executivo dessa data até janeiro de 2018.

Muitas pessoas podem achar uma loucura a decisão de Eric de sair do Google. Quantas ações estaria deixando para trás! Mas, nas equipes, e particularmente nas de alta performance, outras coisas são importantes também, não só o dinheiro! Propósito, orgulho, ambição, ego: são motivadores vitais também, e devem ser levados em conta por qualquer gestor ou coach. Bill sabia que ele tinha que apelar tanto ao emocional quanto ao racional de Eric. E a proposta que lhe fez deu certo.

Na época em que lhe propôs ficar só como CEO, Bill não tinha certeza de que todos concordariam com a reintegração de Eric à presidência. Ele só sabia que era o melhor para a empresa, e que, como coach, tinha influência para fazer coisas assim acontecerem.

Sua integridade e seu longo histórico de bom senso eram primordiais. Quando chegasse a hora, quando a IPO acabasse e as emoções estivessem mais calmas, Bill se mobilizaria para restabelecer Eric à presidência. E foi exatamente isso que aconteceu.

Esse foi um exemplo de formação de equipes de alto risco, com uma IPO multibilionária em jogo, e investidores, fundadores e executivos debatendo questões difíceis. Mas é justamente nessas situações que um coach de equipe é mais necessário, alguém que pode ver além dos egos individuais e entender o valor que todos os membros combinados criam. O desenvolvimento de equipes é vital para todas as empresas, e os princípios que Bill defendia se aplicam a todos os níveis de uma organização. Mas é muito mais difícil manter uma equipe unida nos níveis mais altos, em que o ego e as ambições são consideráveis.

Os executivos seniores podem ter acesso a coaching individual, mas coaches de equipe nesse nível são mais raros. Afinal, as equipes de ponta até podem ter coaches, mas não são coaches de verdade; em geral, são pessoas que ficam sentadas curtindo o espetáculo! Então, por que as equipes executivas, presumivelmente formadas pelas pessoas mais talentosas da empresa, precisariam de um coach? "Foi bizarro para mim quando entrei na empresa", diz Patrick Pichette. "Há todas essas pessoas incríveis no Google. Por que elas precisariam de um coach?"

Na verdade, é quase impossível exagerar a influência de Bill no cultivo da equipe de gestão do Google durante os anos de formação da empresa, uma influência que continuou até sua morte. Como diz Omid Kordestani, ex-diretor de vendas do Google: "Uma coisa muito especial no Google era o aspecto de comunidade da equipe sênior. Bill era a cola desse processo".

Então, como treinador de equipes, o que Bill fazia? Seu primeiro instinto sempre era focar a equipe, não o problema. Em outras palavras, ele focava a dinâmica da equipe, não tentar resolver seus desafios específicos. Isso era tarefa dos membros. Sua tarefa era formar equipes, avaliar os talentos das pessoas e encontrar os executores. Bill ia para cima dos problemas maiores, dos canalhas que atormentam e causam tensão. Seu foco era ganhar, porém ganhar direito, e ele se agarrava ainda mais a seus valores fundamentais quando as coisas não iam bem. E propiciava a solução de tudo preenchendo as lacunas entre as pessoas, ouvindo, observando, para depois, nos bastidores, manter conversas individuais que uniam as equipes.

"Você sempre tinha a sensação de que ele estava montando uma equipe", diz Sheryl Sandberg. "Com Bill, não era coaching executivo ou coaching de carreira. A questão nunca era só eu. Sempre era a equipe."

Foque a equipe, depois o problema

Em uma reunião do Google, há alguns anos, o grupo estava discutindo uma questão relacionada aos custos de alguns negócios em desenvolvimento. Ram Shriram levantou preocupações: os números estavam ficando grandes! Não deveríamos ter mais detalhes sobre como estamos trabalhando nisso? Houve alguma troca de opiniões, até que Bill falou: "Não se preocupem, nós temos a equipe certa. Eles estão cuidando do problema".

"Eu aprendi uma coisa com isso", diz Ram. "Bill não abordava o problema primeiro; ele focava a equipe. Nós não falávamos analiticamente sobre o problema, nós conversávamos sobre as pessoas da equipe e discutíamos se elas seriam capazes de fazer o que tinham que fazer."

Como gestores, tendemos a focar o problema em questão. Qual é a situação? Quais são os problemas? Quais são as opções? E assim por diante. São perguntas válidas, mas o instinto de Bill era abordar uma mais fundamental: quem estava trabalhando no problema? A equipe certa estava a postos? Ela tinha o que necessitava para ser bem-sucedida? "Quando me tornei CEO do Google", diz Sundar Pichai, "Bill me ensinou que nesse nível, mais que nunca, é preciso apostar nas pessoas. Escolher seu time, pensar muito sobre isso."

Bill nos ajudou a usar essa abordagem com certo problema que surgiu em 2010. A Apple (e, em particular, Steve Jobs) achava que o sistema operacional Android, do Google, violava as patentes que a empresa havia feito para o iPhone. Eles processaram os parceiros do Google, os fabricantes de telefones com Android. Isso não era apenas um problema comercial ou legal para Bill – era pessoal. Ele era amigo íntimo de Jobs e membro do conselho da Apple, além de um coach informal, mas influente, da equipe de liderança do Google. Era como se seus dois filhos estivessem brigando, com muito mais que um brinquedo favorito em jogo.

A abordagem de Bill foi focar a equipe, não o problema. Ele nunca deu opinião sobre os méritos relativos de cada lado, apesar de ter bastante conhecimento sobre os problemas e as características telefônicas em questão. No entanto, aconselhou Eric a colocar o cara certo para falar com a Apple: Alan Eustace, que se tornou o principal diplomata nas tratativas com a Apple. Passou a ser sua responsabilidade garantir que o relacionamento entre as duas empresas não implodisse.

Bem mais tarde na carreira de Bill, o Google estava planejando uma mudança importante em sua estrutura corporativa. A empresa estava formando uma nova holding chamada Alphabet, e transferindo alguns de seus esforços mais especulativos (chamados "outras apostas") para empresas separadas. Essa nova organização era uma grande mudança na estrutura operacional e na cultura de gestão; Sundar Pichai passou a dirigir o Google, e Larry Page se tornou CEO da Alphabet. Enquanto isso, o diretor de vendas da empresa, Nikesh Arora, saiu, deixando um grande buraco em uma das principais posições de liderança. Eles entraram em contato com Omid Kordestani, seu primeiro diretor de vendas. Por acaso estaria interessado em voltar?

"Ficou claro, a essa altura, que nos mudaríamos para a Alphabet e que Sundar seria CEO do Google", diz Omid, "mas não sabíamos como chegaríamos a isso. Eram muitas etapas complexas envolvidas". Quando ele conversou com Bill, não falaram sobre as mudanças operacionais ou táticas e estratégias. Conversaram sobre a equipe. Para ajudar na transição, Bill queria alguém que se importasse com a empresa e seu pessoal, e essa era a descrição perfeita de Omid. "O carinho pela equipe é incomum nesse nível", diz Omid. "Ele tende a ser bastante desumano. Mas não para Bill. A equipe administrativa era seu maior amor."

FOQUE A EQUIPE, DEPOIS O PROBLEMA

AO SE CONFRONTAR COM UM PROBLEMA OU OPORTUNIDADE, O PRIMEIRO PASSO É GARANTIR QUE A EQUIPE CERTA ESTEJA TRABALHANDO NO ASSUNTO.

Escolha os jogadores certos

"Se você dirige uma empresa, precisa se cercar de pessoas realmente boas", dizia Bill. Essa não é uma de suas frases mais surpreendentes: sempre contratar indivíduos mais inteligentes que você é um mantra batido no mundo dos negócios. "Todo aquele que gere uma função em nome do CEO deveria ser melhor nela do que o próprio CEO. Certas ocasiões, essas pessoas vestirão a camisa do RH, ou do TI, mas, na maioria das vezes, você quer que elas vistam a camisa da empresa. São todas inteligentes, com grandes capacidades, e o que você quer é obter as melhores ideias que esse grupo possa lhe dar."

Bill buscava quatro características nas pessoas. Elas tinham que ser inteligentes, não necessariamente em termos acadêmicos, mas mais do ponto de vista de serem capazes de atuar a todo vapor em áreas diferentes e fazer conexões. Bill chamava isso de capacidade de fazer "analogias distantes". Elas precisavam trabalhar duro e ter total integridade. Por fim, tinham que ter essa característica tão difícil de definir: *grit*. A capacidade de levar um tombo e ter a paixão e a perseverança necessárias para se levantar e ir à luta de novo.

Ele podia tolerar muitos outros defeitos se achasse que a pessoa tinha essas quatro características. Quando entrevistava candidatos a emprego para avaliar esses pontos, não perguntava só sobre o que eles faziam, mas como faziam. Se a pessoa dissesse que havia liderado um projeto que levara ao aumento da receita, questionar *como* havia conseguido esse crescimento diria muito sobre seu envolvimento no projeto. Pusera a mão na massa? Fora executor? Havia construído a equipe? Ele dava atenção aos pronomes que ouvia: disse "eu" (o que poderia significar uma postura de "eu em primeiro lugar") ou "nós" (um potencial indicador de um jogador de equipe)?*[2]

Era brochante para Bill se a pessoa não valorizasse a aprendizagem continuada. Tinha mais respostas que perguntas? Isso era um mau sinal!

Ele buscava comprometimento – com a causa, não apenas com o próprio sucesso. A equipe em primeiro lugar! Como diz Sundar Pichai, você precisa encontrar "aqueles que entendem que seu sucesso depende de trabalhar bem em conjunto, que existe o dar e o receber; que colocam a empresa em primeiro lugar". Sempre que Bill e Sundar encontravam uma pessoa assim, este dizia: "Vamos cuidar dela com carinho".

---

* Esse é um raro exemplo no qual as pesquisas disponíveis não confirmam o princípio de Bill. Como James Pennebaker afirma em seu livro *The Secret Life of Pronouns* [A vida secreta dos pronomes], o uso do "eu" em vez do "nós" não é um bom indicador de que uma pessoa é um jogador de equipe; pelo contrário, é um indicador de status. Indivíduos com status mais baixo (por exemplo, colaboradores individuais de uma empresa, alunos do primeiro ano da faculdade) usam "eu" com mais frequência, ao passo que aqueles de status mais alto (executivos, professores) usam mais "nós". Não nos surpreende.

Mas como você sabe quando encontrou alguém assim? Observe os momentos em que ele desiste de alguma coisa, e quando está entusiasmado com o sucesso do outro. Sundar diz que, "às vezes, as decisões surgem e as pessoas têm que desistir de alguma coisa. Eu observo muito os sinais quando elas desistem de algo. E também quando estão animadas porque outra coisa está dando certo na empresa; pode não estar relacionada a elas, mas se sentem animadas mesmo assim. Eu observo isso. É como quando você vê um jogador no banco torcendo por alguém da equipe, como Steph Curry pulando para cima e para baixo quando Kevin Durant faz um grande lance. Isso não dá para fingir".*

Em 2011, Eric deixou o cargo de CEO do Google. Na reorganização subsequente, o cargo de Jonathan, diretor de produtos, foi eliminado. Ele estava avaliando algumas opções, inclusive dirigir a Enterprise (agora Google Cloud, uma divisão multibilionária), mas decidiu recusar todas. Sentia-se chateado com a reorganização e considerava esses outros cargos um rebaixamento. Bill ficou muito desapontado; Jonathan estava colocando seu ego ferido à frente do que era melhor para a equipe do Google (e, na verdade, para si mesmo). Cometia, então, um "erro nascido do ego e da emoção", e Bill achava que Jonathan devia parar de olhar para o próprio umbigo.

Bill sugeriu a Jonathan dedicar mais tempo a avaliar sua decisão e continuou se reunindo com ele regularmente. Com a ajuda de Bill, Jonathan encontrou o caminho de volta ao Google, assumindo outros papéis. Bill não desistiu dele, mas também nunca deixou que esquecesse como havia decepcionado a equipe. Essa foi uma lição vívida e pessoal: quando uma mudança acontece, a prioridade tem que ser o que é melhor para a equipe.

* Steph Curry e Kevin Durant são os astros do Golden State Warriors da NBA, que havia acabado de ganhar seu terceiro título em quatro anos quando Sundar (um grande fã dos Warriors) disse isso.

Bill valorizava a coragem: a disposição de assumir riscos e de defender o que é certo para a equipe – coisa que pode implicar um risco pessoal. Dentro do Google, antes de se tornar CEO, Sundar Pichai sempre se manifestava quando achava que alguma coisa não era a escolha certa, tanto diante de nós quanto de Larry Page quando este era CEO. Isso requer coragem, mas, como diz Sundar, "Bill sempre gostou que eu desse minha opinião sobre problemas difíceis, porque ele sabia que eu me importava com a empresa e os produtos, e é daí que eu venho".

Hoje, Sundar respeita o mesmo nos outros. "Certas pessoas são jogadoras de equipe e se importam de verdade com a empresa. O que elas dizem é muito importante para mim, porque eu sei que suas palavras vêm do lugar certo."

Bill era atraído por indivíduos "difíceis" – de opiniões mais sinceras, ocasionalmente abrasivos, sem medo de resistir às tendências ou à maioria. "São como diamantes deformados", coloca Alan Eustace. A amizade de Bill com Steve Jobs era um testemunho disso, assim como sua longa parceria com outros fundadores: Larry Page e Sergey Brin, do Google; Scott Cook, da Intuit. Nenhum deles é uma pessoa fácil! Não achamos que Bill procurava esse traço de personalidade, mas o tolerava e até o aceitava. Outros podem achar esse tipo de pessoa difícil demais, mas Bill as achava interessantes e dignas de desenvolvimento, e às vezes as ajudava a aparar as arestas. Os coaches mais eficazes toleram e até encorajam certo nível de excentricidade e "instabilidade" nos membros de sua equipe. Aqueles que se destacam, desde atletas até fundadores de empresas e executivos, em geral são "difíceis". Mas você os quer em sua equipe.

Sheryl Sandberg diz que quando conheceu Bill, durante sua primeira semana no Google no final de 2001, ele lhe perguntou: "O que você faz aqui?". Na época, Sheryl havia sido contratada como "administradora geral da unidade de negócios", um cargo que não existia antes de sua chegada. Na verdade, não havia nenhuma unidade de negócios, de modo que ela não tinha nada para administrar.

Ela respondeu que antes trabalhava no Departamento do Tesouro. Ele a deteve: "Ok, mas o que você faz aqui?". Dessa vez, respondeu com ideias do que achava que poderia fazer. Bill não ficou satisfeito. "Mas o que você faz aqui?" Sheryl finalmente aceitou a verdade: até então, não fazia nada. "Eu aprendi uma lição incrivelmente importante", diz ela. "Não importa o que você fazia antes, não importa o que você pensa; o que importa é o que você faz todos os dias." Talvez essa seja a característica mais importante que Bill procurava em seus jogadores: indivíduos que chegam, trabalham duro e provocam um impacto a cada dia. *Executores*.

Ao avaliar as pessoas, é importante analisar como elas se encaixam na equipe e na empresa. Há uma tendência, especialmente no Vale do Silício, de procurar "super-heróis", gente com habilidades e inteligência superiores que pode fazer de tudo e ser a melhor em tudo. E isso se amplia nos níveis seniores. Como relata Philipp Schindler, "Bill dizia que ninguém quer formar uma equipe só com *quarterbacks*; você precisa prestar muita atenção à composição da equipe e ter um grupo diversificado, com talentos diferentes entrelaçados de forma inteligente". Todo mundo tem suas limitações; o importante é entender as pessoas individualmente, identificar o que diferencia cada uma e, então, ver como você pode ajudá-la a interagir com o resto da equipe. Bill valorizava altas habilidades cognitivas, mas também entendia o valor das habilidades sociais, como a empatia, que nem sempre são destacadas nas empresas, especialmente nas de tecnologia. No Google, ele nos ajudou a perceber que essa combinação – inteligência e coração – cria melhores gestores.

Bill não supervalorizava a experiência. Ele olhava as habilidades e a mentalidade da pessoa e era capaz de projetar o que ela poderia se tornar. Esse é o talento de um treinador: a capacidade de ver o potencial de um jogador, não apenas seu desempenho atual, ainda que não com total precisão. Como a professora de Stanford, Carol Dweck, aponta em seu livro lançado em 2006, *Mindset – A nova psicologia do sucesso*, o verdadeiro potencial de alguém é incognoscível, já que "é impossível prever o que pode ser alcançado com anos de paixão, trabalho e treinamento".[3] Mas, mesmo sem tanta precisão, você pode apostar no potencial o suficiente para evitar descartar pessoas só por falta de experiência. A tendência geral é contratar experiência: estou contratando para a função X, de modo que quero alguém que tenha anos de experiência nesse trabalho. Mas, para criar uma equipe de alta performance e construir para o futuro, você precisa contratar potencial, não só experiência.

Escolher os jogadores certos também pode implicar avaliar quais outras pessoas da empresa devem fazer parte da equipe. Quando Jonathan dirigia a equipe de produtos do Google, seu time incluía vários líderes de gestão de produtos. Mas, devido à organização da empresa, não tinha líderes de engenharia. Isso levou a alguns conflitos quando chegou a hora de alocar e designar pessoas e recursos; os líderes de produtos nem sempre concordavam com os de engenharia. As reuniões de equipe de Jonathan frequentemente tinham muita discussão sobre essas decisões, e alguns reclamavam da ausência de líderes de engenharia.

O conselho de Bill para Jonathan foi simples: pôr mais alguns jogadores no time. Jonathan deveria convidar os líderes da engenharia para suas reuniões de equipe. Não para uma, e sim permanentemente. Então, forçar a discussão dos planos com eles, apresentar os argumentos e fazer com que todos aceitassem as decisões tomadas. O objetivo das reuniões não era que Jonathan demonstrasse o domínio dos tópicos discutidos e dissesse aos outros o que fazer (coisa que, como observou Bill, às vezes era a prática dele); era fazer que a equipe se unisse. Convidar as pessoas que eram o ponto focal de dissensão era a única maneira de fazer isso. Claro, ainda havia muita discussão, mas, como havia mais participantes, os problemas eram resolvidos mais depressa, o que ajudava a criar relacionamentos mais fortes entre os grupos.

Bill começou a mostrar jeito para escolher os jogadores no início de sua carreira empresarial. Eric Johnson foi colega de Bill na Kodak. Diz que, na época, a Kodak era muito lucrativa e, por isso, não se preocupava em se livrar de funcionários medíocres. Bill também não era de fazer cabeças rolarem – ele ficou bom em lidar com pessoas de baixa performance mais tarde, quando foi CEO da Intuit. No entanto, na Kodak, ele desenvolveu um talento para encontrar os "executores" em qualquer departamento e fazê-los falar. Isso nem sempre é fácil em uma empresa grande, mas Bill procurava as mesmas características que buscava nos candidatos a emprego: inteligência, trabalho duro, integridade e *grit* – perseverança. E então, descobria um jeito de reunir essas pessoas, formal ou informalmente, para conversar e fazer as coisas acontecerem em um projeto ou problema em particular.

"As pessoas esperavam ansiosamente a reunião com Bill", relembra Eric, "porque, quando Campbell fazia uma reunião ou juntava um grupo, o ambiente era orientado para resultados, todos participavam e contribuíam, e todos realmente curtiam a reunião. Era positivo e divertido fazer parte de uma equipe."

ESCOLHA OS JOGADORES CERTOS

AS PRINCIPAIS CARACTERÍSTICAS A PROCURAR SÃO INTELIGÊNCIA E CORAÇÃO: HABILIDADE DE APRENDER RÁPIDO, VONTADE DE TRABALHAR DURO, INTEGRIDADE, PERSEVERANÇA, EMPATIA E CAPACIDADE DE PÔR A EQUIPE EM PRIMEIRO LUGAR.

Emparelhe pessoas

Como dissemos anteriormente, Bill valorizava muito as relações entre pares. Um aspecto importante na formação de equipes, muitas vezes negligenciado, é o desenvolvimento de relacionamentos dentro delas. Isso pode acontecer organicamente, mas é importante a ponto de não dever ser deixado ao acaso. Por isso, Bill procurava sempre qualquer oportunidade de emparelhar as pessoas. Pegue aqueles que normalmente não trabalham juntos, atribua a eles uma tarefa, um projeto ou uma decisão, e deixe que trabalhem por conta própria. Isso cria confiança entre as duas pessoas, em geral independentemente da natureza do trabalho.*[4]

Essa foi uma das primeiras sugestões de Bill para Jonathan. Depois de participar de algumas de suas reuniões, Bill disse a ele que precisava trabalhar mais no treinamento e emparelhamento de pessoas. "Não seja apenas um ditador distribuindo tarefas, emparelhe as pessoas!" Então, a partir daí, para projetos como preparação de material para eventos públicos, como as *earning calls***, produção de equipes fora da empresa, desenvolvimento de escalas de remuneração e promoção, de ferramentas internas, Jonathan parou de determinar e começou a emparelhar pessoas. E os resultados foram decisões melhores e equipe mais forte.

Bill orientava Jonathan a fazer isso ele mesmo. Quando Patrick Pichette entrou no Google como CFO, Bill pediu a Jonathan que o orientasse sobre os costumes da empresa. Isso foi útil para Patrick, mas também ajudou a criar um par de confiança na equipe de gestão de Eric – esse era o objetivo real. O resultado é importante,

---

* Um estudo de 1995 de Daniel McAllister, da Universidade de Georgetown, mostra que a confiança aumenta com a frequência de interação entre um gestor e um colega de mesmo nível.

** *Earning call* é uma teleconferência, ou transmissão via web, feita com investidores, público e mídia para informar os resultados financeiros de uma empresa de capital aberto em determinado período. (N.T.)

como também é a oportunidade dos pares de trabalharem juntos em algo, conhecerem-se e confiarem uns nos outros. Isso é inestimável para o sucesso da equipe.

EMPARELHE PESSOAS
RELAÇÕES ENTRE PARES SÃO CRUCIAIS E MUITAS VEZES MENOSPREZADAS; PORTANTO, BUSQUE OPORTUNIDADES PARA EMPARELHAR PESSOAS EM PROJETOS OU DECISÕES.

Pesquisa de feedback de pares

Bill acreditava tanto na importância dos relacionamentos entre pares que ajudou a projetar uma pesquisa de feedback que usamos durante anos no Google. As pessoas davam feedback sobre os colegas, e os resultados forneciam uma boa imagem do desempenho de um funcionário aos olhos de seus pares – os mais importantes avaliadores, na opinião de Bill.

A pesquisa foi inicialmente projetada para obter opiniões sobre quatro aspectos da performance de alguém: desempenho no trabalho, relacionamento com grupos de pares, gestão e liderança, e inovação. Mais tarde, Bill insistiu para que fosse expandida e incluísse uma pergunta sobre o comportamento das pessoas nas reuniões. Ele estava desanimado por ver quantos preferiam ficar mexendo no celular ou no notebook nas reuniões! Adicionamos também uma pergunta sobre colaboração e um conjunto de questões sobre visão de produto direcionado apenas para os líderes dessa área. Eis aqui a pesquisa completa:

Atributos essenciais

Nos últimos doze meses, até que ponto você concorda/discorda com as afirmativas a seguir? Cada pessoa:

- Apresentou desempenho extraordinário em sua função.
- Foi exemplo de liderança de alta qualidade.
- Alcançou resultados que eram o melhor para o Google como um todo e para seu setor.
- Expandiu os limites do que é possível para o Google por meio da inovação e/ou aplicação de práticas melhores.
- Colaborou efetivamente com pares (por exemplo, trabalhou bem em conjunto, venceu barreiras/problemas com os outros) e defendeu o mesmo em sua equipe.
- Contribuiu efetivamente durante as reuniões da equipe sênior (por exemplo, foi preparado, participou ativamente, ouviu atentamente, foi aberto e respeitoso para com os outros, discordou de forma construtiva).

Atributos do líder de produtos

Nos últimos doze meses, até que ponto você concorda/discorda com as afirmativas a seguir? Cada pessoa demonstrou liderança exemplar nas áreas de:

- Visão de produto.
- Qualidade de produto.
- Execução de produto.

Perguntas abertas

- O que diferencia cada vice-presidente e o torna eficaz hoje?

- Que conselho você daria a cada vice-presidente para que fosse mais eficaz e / ou causasse maior impacto?

Sente-se à mesa

Nos anos 1980, a maioria dos executivos de empresas de tecnologia eram homens; havia muito poucas mulheres.*[5] Deb Biondolillo era uma delas, diretora de recursos humanos da Apple nos EUA. Ainda assim, durante a reunião semanal da equipe do CEO, Deb se sentava na fileira de cadeiras ao longo da parede, não à mesa. Bill não suportava isso. "O que você está fazendo aí atrás?", perguntava a Deb. "Venha para a mesa!" Por fim, um dia, Deb chegou cedo à reunião e, tensa, pegou um lugar à mesa. Os outros foram entrando, e um deles, Al Eisenstat, acabou se sentando ao lado dela. Al era um executivo dinâmico, conselheiro-geral da Apple e um de seus diretores de marketing antes de Bill; um homem poderoso que foi fundamental para o crescimento inicial da Apple. Ele também era famoso por sua rudeza. Quando tomou seu lugar naquele dia, ficou surpreso ao ver Deb sentada ao seu lado. "O que você está fazendo aqui?", disse com brusquidão.

"Participando da reunião", respondeu ela, com mais confiança do que sentia.

"Al ficou olhando para mim durante alguns segundos", diz Deb. "Então, olhou para Bill. Foi quando eu soube que daria tudo certo, que Bill me apoiaria."

Mais que qualquer um que já conhecemos em nossa carreira, Bill defendia a presença das mulheres "à mesa". Ele acreditava na diversidade nas equipes bem antes de isso ser um assunto comum.

---

* Três décadas depois, as mulheres ainda constituem uma minoria de executivos na área de tecnologia. Um relatório da Equal Employment Opportunity Commission dos EUA, de 2016, afirma que 20% dos executivos na alta tecnologia são mulheres, ao passo que um relatório da Entelo Women in Tech, de 2018, calcula que o número seja 10%.

E isso parece não fazer sentido: Bill xingava, adorava futebol americano e uma boa piada suja, aperfeiçoou os programas só de homens e adorava cerveja. Ele gostava de fazer coisas consideradas de homens. A maior parte dessas atividades "masculinas", exceto xingar, ocorria fora do trabalho, mas não inteiramente. E é provável que pelo menos algumas mulheres do entorno de Bill se sentissem excluídas de vez em quando; algumas delas talvez não se sintam à vontade contando piadas e bebendo cerveja em um pub. No entanto, todas as mulheres com quem conversamos sobre Bill sentiam-se à vontade com o estilo dele, porque sabiam por experiência que ele era direto e transmitia mensagens difíceis com respeito, cordialidade e franqueza.

Aprendemos desde cedo com Bill que, quando se trata de criar equipes, você tem que deixar os preconceitos de lado (e todos nós temos preconceitos). Para ele, era simples. Ganhar depende de ter a melhor equipe, e as melhores equipes incluem mais mulheres. Dois estudos de 2010 apoiam Bill nesse ponto. Eles examinaram a inteligência coletiva em equipes: por que alguns grupos são "mais inteligentes" que a soma de seus QIs individuais? A resposta tem três fatores: nas equipes mais eficazes, todos contribuem, em vez de uma ou duas pessoas dominarem as discussões; seus membros são mais hábeis em ler estados emocionais complexos; e... essas equipes têm mais mulheres. Isso pode ser parcialmente explicado pelo fato de que as mulheres tendem a ser mais hábeis que os homens em ler estados emocionais.[6] Então, Bill sempre nos estimulava a levá-las em conta para qualquer cargo de chefia. Ele acreditava que "você sempre pode encontrar uma mulher para um emprego, talvez só demore um pouco mais". Ele ajudava a recrutá-las quando podia – como quando conseguiu que Ruth Porat assumisse o cargo de CFO do Google em 2015.

Ele incitava aquelas a quem dava coaching a ser mais agressivas na busca de cargos mais altos e de mais responsabilidade na P&L,* particularmente em cargos fora de áreas "tipicamente" femininas,

* P&L é lucro e perda, tendo responsabilidade financeira por uma unidade de negócios ou empresa. RH é recursos humanos; RP é relações públicas.

como RH ou RP. Ele conectava mulheres bem-sucedidas que conhecia com outras mulheres bem-sucedidas. E tinha tolerância zero para qualquer preconceito de gênero em conversas de negócios.

Bill ajudou a levar Eve Burton ao conselho da Intuit e trabalhou com ela extensivamente quando foi vice-presidente sênior e conselheira-geral da Hearst, o conglomerado de mídia. Ele deu coaching a Eve durante vários acordos sobre conteúdo que ela estava negociando, e os dois colaboraram em uma parceria de jornalismo e tecnologia entre Columbia e Stanford. Mas nenhum desses trabalhos era mais importante para Bill que o HearstLab, uma "estufa" de negócios para empresas lideradas por mulheres que Eve criou na Hearst sob o estímulo e a tutela dele. Essas empresas agora têm um valor coletivo de mais de 200 milhões de dólares! "Foi a última coisa que ele me incentivou a fazer", diz Eve. "Sua ideia era dar às mulheres um lugar para semear suas empresas e torná-las bem-sucedidas."

E um lugar para criar relações. Um dia, Diane Greene estava participando de uma reunião de diretoria na Intuit quando ela e Bill começaram a conversar sobre seus filhos. O filho de Diane jogava *flag football* no ensino médio, e sua filha, do quinto ano, reclamava que não era justo que os meninos jogassem futebol e as meninas não. Bill disse a Diane que levasse sua filha à escola Sacred Heart, na vizinha Atherton, na quinta-feira à tarde. Mas não disse por quê. Quando Diane e sua filha chegaram, viram um grupo de garotas do ensino médio treinando *flag football*. Bill estava no campo treinando-as com tanta energia (e boca suja) quanto fazia com o time dos meninos. "Ele queria que ela visse que as meninas também podem jogar futebol americano", diz Diane. "Ele estava treinando um time de futebol americano, independentemente de serem garotas. Ele arranjava tempo para isso e quase não falava no assunto."

Ele também tinha tempo para conversar com as equipes de mulheres adultas. Por exemplo, pouco depois de se tornar CEO da MetricStream, Shellye Archambeau formou um grupo de mulheres CEOs para dar apoio e orientação umas às outras. Ela convidou Bill para uma reunião, e todos gostaram tanto da experiência que se tornou um evento regular. Eles se reuniam na sala de reuniões do escritório de Bill, em Palo Alto, e passavam algumas horas conversando sobre um determinado tópico do dia. Bill se preparava para a reunião e em geral a orquestrava. Ele não dizia às mulheres o que fazer; em vez disso, contava histórias sobre suas experiências e fazia perguntas.

Na maior parte das discussões, o fato de as CEOs à mesa serem todas mulheres não era abordado e nem era particularmente relevante. No entanto, quando falavam de diversidade, ou quando algumas mulheres relatavam preconceitos que haviam experimentado, Bill sempre se sentia frustrado. Ele as lembrava de pensar nas outras mulheres ao redor da mesa quando surgissem oportunidades. Isso podia ser um problema: um artigo de 2017 da *Harvard Business Review* nota que, às vezes, membros de grupos minoritários hesitam em levar outros membros desses grupos para suas organizações porque não querem que pensem que eles têm tratamento especial e temem que essas pessoas não sejam bem-sucedidas.[7] Por isso, Bill sempre dizia ao grupo de Shellye que, se estivessem procurando membros para o conselho, olhassem no grupo primeiro.

Shellye pensou em Bill quando lançou um programa de diversidade para mulheres no escritório de sua empresa em Bangalore, Índia. Eles tinham lá mais de mil pessoas, 30% das quais eram mulheres – na época, uma porcentagem alta para uma empresa de tecnologia na Índia. Não muito tempo depois de lançar o programa, ela foi até lá para acompanhar os negócios e ver como a iniciativa estava indo. Ela reuniu o comitê de diversidade e a equipe de liderança em uma sala que era pequena demais. Não havia cadeiras suficientes ao redor da mesa para todos. Shellye notou que as mulheres iam ocupando as cadeiras ao redor da sala; os homens se sentavam automaticamente à mesa. Ela os deteve e instruiu as mulheres a se sentarem à mesa e os homens a se dirigirem às cadeiras externas. Só então começou a reunião.

Quando acabou, ela perguntou aos homens como era se sentar encostado na parede, não à mesa. Estranho e desconfortável, responderam eles.

"Exatamente", disse ela. "Para realmente incluir todos, todos precisam estar à mesa."

> **SENTE-SE À MESA**
> GANHAR DEPENDE DE TER
> A MELHOR EQUIPE, E A MELHOR EQUIPE
> TEM MAIS MULHERES.

Resolva o maior problema

Há outro problema com a abordagem amplamente cognitiva da administração, que foi o que tivemos no Google por muito tempo. Pessoas inteligentes, analíticas, em especial da área da ciência da computação e da matemática, como nós, tendem a supor que os dados e outras evidências empíricas podem resolver todos os problemas. Analistas quantitativos ou tecnólogos com essa visão de mundo tendem a ver a tensão emocional – inerentemente confusa –, sempre presente em equipes de seres humanos, como algo inconveniente e irracional – uma coisa irritante que decerto poderia ser resolvida com um processo de decisão baseado em dados. Mas, claro, os humanos nem sempre funcionam assim. As coisas surgem, as tensões aparecem, e não desaparecem naturalmente. Todos se esforçam ao máximo para evitar falar sobre essas situações porque é embaraçoso. O que só piora as coisas.

As pessoas chamam isso de o "elefante na sala": um problema grande que obscurece tudo, mas que ninguém reconhece. Como a ex-CEO da Avon Andrea Jung diz: "Com Bill, nunca havia um elefante na sala". Ou, mais precisamente, podia haver um elefante, mas não escondido no canto. Bill não permitia isso. Ele levava a coisa para frente, para o centro das atenções.

"É uma mentalidade futebolística", ressalta Shona Brown. "Onde está o elo mais fraco: no ataque ou na defesa?" Durante seu período no Google, Shona trabalhou semanalmente com Bill abordando vários problemas operacionais, muitos dos quais estavam à espreita como elefantes no canto da sala. A empresa estava crescendo muito rápido, bem à frente de qualquer processo. A abordagem de Bill, diz Shona, sempre foi atacar o problema mais difícil primeiro. "Esse é o primeiro passo."

Um teste decisivo para saber se os problemas ficaram abafados por muito tempo – uma maneira de identificar o elefante – é ver se a equipe não consegue falar honestamente sobre eles. E é aí que entra o coach, como um "olheiro de tensão".

Sem dúvida, outra palavra para tensão é *política*. Quando você ouve pessoas dizendo que as coisas estão se tornando "políticas", isso em geral significa que surgiram problemas porque os dados ou processos não levaram à melhor decisão. Então, as personalidades assumem. Como dissemos anteriormente, Bill abominava isso. "Para nós, o político é muito tóxico", escreveu para Jonathan. "Conseguimos nos tornar uma grande empresa com uma maravilhosa ausência de política." A razão disso, que ele não mencionou, foi sua própria diligência em atacar de frente os problemas mais difíceis e piores. Como disse a antiga diretora de comunicações do Google, Rachel Whetstone, ele "tirava a política da situação" ao abordar o problema com clareza, forçando todos a colocarem o foco nele.

Tivemos uma situação há alguns anos na qual dois líderes de produtos estavam discutindo sobre qual equipe deveria gerir um grupo específico da área. Ambos poderiam legitimamente argumentar que os produtos pertenciam a sua equipe. Por um tempo, a questão foi tratada como uma discussão técnica, na qual dados e lógica acabariam determinando o caminho a seguir. Mas isso não aconteceu, o problema piorou e as tensões aumentaram. Isso estava causando dificuldades nas equipes e também com parceiros externos. Quem estava no controle?

Foi quando Bill interferiu. Tinha que haver uma reunião difícil na qual um executivo ganharia e o outro perderia. Bill fez a reunião acontecer. Ele percebeu uma tensão fundamental que não estava sendo resolvida e forçou o foco nela. Não sabia muito bem como resolver o problema, a qual equipe pertencia o produto, mas simplesmente sabia que o assunto precisava ser decidido de uma forma ou de outra, imediatamente. Foi uma das reuniões mais acaloradas que tivemos, mas tinha que acontecer.

RESOLVA O MAIOR PROBLEMA

IDENTIFIQUE O MAIOR PROBLEMA, O "ELEFANTE NA SALA", LEVE-O PARA FRENTE E PARA O CENTRO E ENFRENTE-O PRIMEIRO.

Não deixe as queixas durarem muito tempo

O dia do lançamento do iPhone de segunda geração, o iPhone 3G, não correu bem. Cada novo telefone vendido tinha que se conectar aos servidores da Apple a fim de ser ativado e passar a funcionar, mas, na manhã em que os aparelhos foram colocados à venda, 11 de julho de 2008, os servidores tiveram problemas técnicos e entraram em colapso. As pessoas podiam comprar novos celulares, mas não conseguiam ativá-los. Além disso, quem tinha uma versão mais antiga do iPhone e tentou atualizá-lo para o novo sistema operacional iOS (o primeiro a oferecer suporte à App Store) ficou com o aparelho inoperante durante o processo. No jargão tecnológico, os telefones ficaram brickados, ou seja, travaram e se tornaram meros "tijolos".

Na sede da Apple em Cupertino, Eddy Cue e sua equipe se reuniram em torno da mesa de uma sala de conferências para tentar descobrir o que fazer. Foi "um caos em massa, meu pior dia na Apple", diz Eddy. "Os problemas iam chegando, e nós tentávamos descobrir o que estava acontecendo. Havia uma tonelada de negatividade na sala, as pessoas haviam passado a noite fazendo fila e não podíamos vender nenhum telefone!" A negatividade, como percebeu Eddy, era um problema em si. "Tivemos que nos concentrar, fazer nossa equipe pensar do jeito certo, parar de nos preocupar com a venda de celulares e focar a solução dos problemas certos."

Foi o que eles fizeram. O primeiro passo foi derrubar a atualização do iOS para que as pessoas parassem de tentar atualizar seus iPhones originais. Então, começaram a trabalhar para arrumar os servidores, o que conseguiram algumas horas depois. Bill Campbell não participou dessa situação, mas sua influência foi sentida. Ele sempre se certificava de que os problemas fossem transmitidos de forma completa e transparente. E então, depois que isso era feito, ele seguia adiante.

"Essa é uma das grandes coisas que ele me ensinou", diz Eddy. "Quando tudo ficar negativo, aborde os problemas, mas não deixe que a maldita reunião gire em torno disso. Não deixe que as queixas durem muito tempo." Os psicólogos chamam essa abordagem de "enfrentamento com foco no problema", em contraste com "enfrentamento com foco na emoção". Esse último pode ser mais apropriado quando se enfrenta um problema que não pode ser resolvido, mas, em um contexto empresarial, focar as emoções e dar vazão a elas precisa ser coisa rápida; assim, mais energia é direcionada para as soluções.[8]

Bill e o conselho da Apple tiveram muitas oportunidades de praticar essa abordagem nos dias após a volta de Steve Jobs ao cargo de

CEO, em 1997. É fácil esquecer como a Apple, hoje uma das empresas mais bem-sucedidas e valiosas do mundo, estava quase falida quando Jobs voltou. Houve alguns momentos difíceis na época, e, mesmo depois, após o sucesso do iMac, iPod, iPhone e iPad, vieram alguns problemas bastante desafiadores. A abordagem de Bill sempre foi ser sensato e construtivo, focar imediatamente o que deveria ser feito a respeito. Andrea Jung, que entrou para o conselho da Apple em 2008, chama isso de "aprendizagem para a frente". Não importa o que aconteceu e quem é o culpado, e sim o que vamos fazer a respeito.

Bill conseguia realizar esse truque sendo implacavelmente positivo. Situações negativas são infecciosas, as pessoas ficam cínicas, o otimismo desaparece. "Naqueles primeiros anos, tivemos alguns momentos difíceis", diz Eddy, "mas Bill era, de longe, o mais positivo membro do conselho que tínhamos." Seria fácil classificar essa atitude como mero incentivo de torcida, só que ele também era implacável na identificação e solução de problemas, coisa que líderes de torcida não fazem. Estudos mostram que a liderança positiva facilita a solução de problemas; por isso, Bill elogiava as equipes e as pessoas, dava-lhes um abraço e um tapinha no ombro para aumentar sua confiança e seu conforto. Assim, quando fazia as perguntas difíceis, todos entendiam que ele estava do lado deles, e que estava pressionando porque queria que as coisas fossem melhores, que tivessem sucesso. Ele sempre chegava ao cerne de um problema, mas de uma maneira positiva.[9]

Mais uma vez, sentimos a influência do treinamento esportivo aqui. Quando deixamos o trabalho para trás e treinamos as equipes de futebol ou beisebol de nossos filhos, aprendemos o valor do "treinamento positivo", de liderar com elogios e depois seguir com um feedback construtivo. Mas, quando voltamos ao trabalho, esquecemos tudo isso e atacamos as pessoas. Não estamos sugerindo que todos comecem a tratar suas equipes como crianças no parquinho, mas a abordagem de Bill demonstra que o mesmo princípio funciona até nos níveis mais altos de uma organização.

NÃO DEIXE AS QUEIXAS DURAREM MUITO TEMPO
EXPONHA TODOS OS ASPECTOS NEGATIVOS, MAS NÃO SE DEMORE NELES. SIGA EM FRENTE O MAIS RÁPIDO POSSÍVEL.

Vença direito

Nos esportes, treinadores e jogadores falam sobre uma "cultura de vencer" e as dinastias que a têm. Para falar das maiores dinastias esportivas temos que incluir o Boston Celtics (oito campeonatos consecutivos da NBA, de 1959 a 1966), o Santos FC (11 títulos de 1955 a 1969), o basquete masculino da UCLA Bruins (dez títulos de 1964 a 1975), o Manchester United (12 títulos de 1992 a 2011), e o San Francisco 49ers (com cinco vitórias no Super Bowl nos anos 1980 e 1990) e o New England Patriots (com seis títulos de 2002 a 2019). Temos também outros números de destaque: dez títulos de campeão em quatorze anos. Isso foi o que Bill conseguiu com o time de *flag football* da Sacred Heart. A Sacred Heart é uma escola particular de Atherton, Califórnia, um dos endereços mais ricos dos Estados Unidos. Bill a transformou em uma dinastia futebolística. Ele dizia às crianças: "Vocês não são as crianças ricas de Atherton; vocês são as crianças duronas da Sacred Heart".

Não se pode falar em coaching – ou em liderar uma empresa – sem falar em ganhar. Isso é o que os bons treinadores fazem; é o que os grandes líderes fazem. Bill não treinou a Sacred Heart de forma diferente só porque era um time do ensino médio, ou porque era uma escola particular exclusiva. Essas coisas não têm importância. Era futebol americano, e se jogava para ganhar. Ele exigia compromisso, paixão e, acima de tudo, lealdade, assim como em sua vida profissional. Às vezes, os pais o procuravam e explicavam que seu filho ou sua filha se atrasaria porque estava praticando outro esporte. A resposta de Bill era: "Tudo bem, tenho certeza de que seu filho vai se sair bem... na equipe B". Esses não jogariam no time A. O futebol americano não era uma segunda prioridade para nenhum jogador de Bill, e ninguém recebia tratamento especial para acomodar outro interesse fora do time.

Ele exigia o mesmo nível de compromisso de si mesmo e de seus outros treinadores (todos voluntários, com empregos demandantes). Toda terça e quinta à tarde, no outono, você encontrava Bill no campo de futebol americano da Sacred Heart treinando o time. A maioria das pessoas sabia que não adiantava ligar para ele durante essas horas, mas pelo menos uma não sabia. Ocasionalmente, o celular de Bill tocava durante os treinos, e ele o tirava do bolso, via quem era e mostrava a tela com a identificação da chamada para as crianças. Então, guardava o aparelho no bolso de novo, deixando a ligação de Steve Jobs sem resposta. "Não havia nada mais legal do que saber que durante aquela hora de treino nós éramos a coisa mais importante para ele", diz um de seus jogadores. "Nós tínhamos toda a sua atenção."

(Às vezes, os jovens jogadores tinham sua atenção mesmo quando não estavam com ele. Uma vez, Bill chegou a um treino com algumas jogadas que havia acabado de criar para o próximo jogo. Ele havia passado o dia em uma reunião no Google, explicou, e elaborara os passes durante as apresentações.)

Ainda assim, vencer não era tudo para Bill. Mas vencer *direito* era. Ele dizia que havia entrado para o mundo dos negócios porque não era um bom treinador de futebol americano ("Você viu minhas marcas?"), o que é discutível. Mas o que não é discutível é sua capacidade de incutir uma cultura de vencer, e de vencer direito. Foi isso que Bill instilou na Sacred Heart, no Google e em todas as outras empresas em que trabalhou. Todd Bradley, um ex-executivo da Hewlett-Packard que trabalhou extensivamente com Bill, diz que a maior lição que aprendeu com ele foi sobre "o humanismo de vencer", o que significa ganhar como um time (não como indivíduos) e ganhar de forma ética. Tanto nos negócios quanto nos esportes, é incrível o que se pode fazer quando ninguém se importa com quem vai levar o crédito.

Uma coisa extraordinária para nós, quando conversamos com várias pessoas que não conheciam Bill como homem de negócios, e sim como treinador de futebol americano, é que ele tratava seus atletas escolares da mesma maneira como tratava seus colegas executivos (como nós). Com compromisso e lealdade. Com intolerância a lapsos de integridade. Com palavrões (as crianças criaram um fundo chamado "Palavrões do treinador Campbell", e cobravam dez dólares de Bill a cada palavrão; esse fundo acabou sendo dado como sinal para o novo campo de futebol americano da escola). Ele ouvia atentamente as crianças e as chamava de lado para uma rápida conversa individual. Falava coisas duras com amor sincero. Não importava se fosse um estudante do ensino médio ou um executivo de uma grande corporação: a abordagem de Bill não mudava.

A mesma coisa funcionava com jogadores muito mais avançados também. Charlie Batch cresceu na cidade natal de Bill, Homestead, Pensilvânia, e eles acabaram ficando amigos e trabalhando juntos para ajudar a cidade. Charlie foi *quarterback* na Eastern Michigan University, e depois jogou quinze anos na NFL no Detroit Lions e no Pittsburgh Steelers, cujos jogos em casa aconteciam a cerca de 16 quilômetros de Homestead. Em 2012, o *quarterback* inicial do Steelers, Ben Roethlisberger, se machucou, e Charlie entrou em cena. As coisas não correram bem naquele jogo; três lançamentos de Charlie foram interceptados e os Steelers perderam para os Browns. Na semana seguinte a essa derrota, Bill e Charlie se encontraram em um evento em Homestead. Bill não fez o som de "cabeça saindo da bunda" como costumava, mas poderia muito bem tê-lo feito. Ele havia assistido ao jogo, e deu uma bela bronca em Charlie, dizendo-lhe para mudar de atitude, oferecer-se, assumir responsabilidades e ser profissional. Charlie ficou perplexo, mas não surpreso. O treinador estava certo.

No domingo seguinte, Charlie fez o Steelers se recuperar de um déficit de dez pontos e bater seu rival, o Baltimore Ravens, e lançou cinco passes completos no caminho da vitória. Quando saiu do vestiário, recebeu uma mensagem de Bill: "Eu disse".

VENÇA DIREITO
ESFORCE-SE PARA GANHAR, MAS SEMPRE GANHE DIREITO, COM COMPROMISSO, TRABALHO DE EQUIPE E INTEGRIDADE.

Líderes lideram

Quando Dan Rosensweig entrou na Chegg, em 2010, foi informado de que estavam a seis meses de uma IPO. Na verdade, estavam a cerca de três meses da falência. Mas ele virou o jogo e levou a empresa a uma IPO em 2013, quando as ações despencaram, caindo bem abaixo do preço de abertura. Dan, sentindo a tensão depois de um duro embate de vários anos, começou a perder a fé em si. A empresa conseguiria? Acaso ele era a pessoa certa para liderá-la? Ele estava pensando em desistir, mas não contou a ninguém.

Então, ele recebeu uma ligação de Bill, que estava lhe dando coaching havia alguns anos, ajudando-o nos altos e baixos da Chegg.

"Dan, vamos dar uma volta", Bill disse.

"Agora? É para eu passar aí?", perguntou Dan.

"Não, vamos dar uma volta virtual, aqui mesmo, pelo telefone."

Ah, não, pensou Dan, olhando além dos minicapacetes de futebol americano que tinha em sua mesa, além da janela, para a fonte do pátio, embaixo. "Aonde vamos?", perguntou.

"Atrás do depósito de madeira", respondeu Bill.

Ele deu um sermão a Dan sobre como era preciso aguentar firme na Chegg. "Líderes lideram", disse. Você não pode hesitar; precisa se comprometer. Você pode cometer erros, mas não pode ficar com um pé dentro e um pé fora, porque, se não estiver totalmente comprometido, as pessoas ao seu redor também não estarão. Se você está dentro, esteja dentro.

"Não sei como ele sabia que eu estava pensando em sair", diz Dan, "mas ele sabia. E não aceitava." Dan não desistiu. Ele *liderou*. Ele reuniu sua equipe, que ainda está intacta, e, juntos, reconstruíram a empresa.

É ótimo e divertido falar sobre ganhar, mas e quanto a perder? Bill entendia um pouco de derrotas. Seus times de Columbia perderam muito, e a startup onde trabalhava, a GO, foi um fracasso e perdeu muito dinheiro de investidores.* O fracasso é um bom mestre, e com essas experiências Bill aprendeu que a lealdade e o compromisso são fáceis quando se está ganhando, mas muito mais difíceis quando se está perdendo. Mas, como se destaca na história de Dan, é aí que a lealdade, o comprometimento e a integridade são ainda mais importantes. Quando as coisas estão indo mal, as equipes precisam ainda mais dessas características em seus líderes.

Em Columbia, após uma derrota particularmente difícil, Bill gritou com seu time no vestiário; estava revoltado. "Eu perdi o time", disse mais tarde, "perdi-o naquele momento." Ele não se reuniu com o time, não demonstrou sua lealdade e não tomou decisões que pudessem ajudá-lo; só gritou com os jogadores. Esse era um momento que ele guardava na memória – o momento em que realmente perdeu.

* "Graças a Deus existe a Webvan", Bill gostava de dizer. "Eles perderam tanto dinheiro que fizeram as pessoas esquecerem a GO." A Webvan levantou mais de 400 milhões de dólares de investidores privados e mais 375 milhões de uma IPO em 1999. E foi à falência em 2001. A GO perdeu cerca de 75 milhões de dólares.

A determinação também se torna mais importante em situações desafiadoras, conforme ilustram os últimos dias da GO. No livro *Startup*, Jerry Kaplan descreve um momento crucial que surgiu certa tarde, quando Bill convocou os executivos seniores da empresa para uma reunião de emergência. A empresa estava com dificuldades havia algum tempo, praticamente sem vender nada e encarando a concorrência acirrada da Microsoft. Bill chegou à conclusão de que a GO não sobreviveria, e muito menos seria bem-sucedida. Disse a sua equipe que deveriam vender a empresa, e, depois de discutirem o assunto um pouco, todos concordaram. O raciocínio, no entanto, não era financeiro em si. Eles não queriam vender para salvar pelo menos um pouco de dinheiro para si ou para os investidores. Eles queriam preservar o trabalho que haviam feito. "O importante é salvar o projeto e a organização, proteger o que construímos", disse Bill. Ele esperava conseguir isso vendendo a GO para uma empresa maior que pudesse financiar e dar continuidade ao trabalho, mesmo que isso significasse ficar desempregado. Nesse caso, a lealdade de Bill não era tanto para com a empresa, e sim para com a causa.[10]

Então, quando você estiver perdendo, comprometa-se com a causa de novo. *Lidere*. Nirav Tolia, ex-CEO da Nextdoor, foi CEO de uma startup pontocom chamada Epinions, e recebeu coaching de Bill. A Epinions passou por várias experiências de quase morte antes de finalmente se fundir com uma empresa chamada DealTime e ser relançada como parte da Shopping.com. Quando Nirav e o conselho decidiram começar a buscar essa fusão, avisaram a equipe administrativa. Um dos principais membros da equipe – vamos chamá-lo de Bob – ficou assustado e em poucas semanas saiu da Epinions para uma situação mais estável. "Foi um verdadeiro golpe", diz Nirav. "Foi muito traumático ele ter saído." Nirav ligou para Bill e lhe contou sobre a partida de Bob. "Eu estou indo para aí", respondeu Bill.

Nirav convocou sua equipe quando Bill chegou. Bill entrou na sala. "Eu amo vocês", disse. "Há algo me incomodando de verdade:

a saída de Bob. Ele nos traiu. Ele foi desleal. Ele nos deixou quando mais precisávamos dele. Foda-se ele." E foi basicamente isso. Bill se levantou e saiu, não só da sala, mas do prédio.

Alguns minutos depois, Nirav recebeu uma ligação. Bill de novo. "Aposto que ninguém mais vai deixar você na mão agora."

LÍDERES LIDERAM
QUANDO AS COISAS NÃO VÃO BEM, AS EQUIPES ESPERAM MAIS LEALDADE, COMPROMISSO E DETERMINAÇÃO DE SEUS LÍDERES.

Preencha as lacunas entre as pessoas

Eric estava em uma reunião no Google, com algumas pessoas no local – em Mountain View – e outras (incluindo ele) participando por videoconferência. Estavam discutindo vários problemas, mas o tempo acabou e uma das questões não foi resolvida. No final da reunião, alguém fez um comentário que Eric interpretou negativamente. Baseado nesse único comentário, ele teve certeza de que as coisas não dariam certo em relação ao assunto em questão. Ficou remoendo aquilo durante uma semana, e, quando o grupo se reuniu de novo, ele estava pronto para a briga. Foi quando percebeu que havia entendido mal as palavras e, consequentemente, toda a situação. A crise foi desnecessária. A falta de comunicação e uma aparente atitude de desprezo haviam aberto uma fissura completamente falsa.

Essa não é uma história incomum. Acontece todos os dias: um comentário informal, um e-mail ou mensagem redigidos com pressa, e as pessoas seguem direções emocionais fora de sintonia com a realidade. É quando um coach pode ser útil. Como Bill descrevia, seu trabalho como nosso coach era "ver pequenas falhas na organização que, com um pequeno gesto, podemos melhorar. Eu ouço, observo e preencho as lacunas de comunicação e entendimento entre as pessoas". O coach pode identificar essas brechas antes que elas se tornem profundas e permanentes, e agir para saná-las preenchendo as lacunas de informações e corrigindo falhas de comunicação. Bill não havia participado dessa reunião com Eric, mas, se houvesse, este o teria procurado para testar suas suposições sobre o comentário. Bill o teria corrigido – todos estavam, de fato, alinhados –, e Eric teria sido poupado de muita angústia.

Então, o que Bill faria? Primeiro, ele ouviria e observaria. Esse é o poder do coaching em geral: a capacidade de oferecer uma perspectiva diferente, não afetada pelo fato de "estar no jogo". (Patrick Pichette: "Bill via todas as peças do xadrez o tempo todo, porque tinha o luxo de não fazer parte do conselho".) Bill participava das reuniões semanais da equipe de Eric, ouvia atentamente, observava a linguagem corporal dos participantes, sentia as mudanças de humor.

Marissa Mayer conta uma história sobre o poder de observação de Bill. Ela havia criado um programa no Google para recém-formados em ciências da computação, que haviam entrado na empresa como "gestores de produto associados". Um dia, Eric disse a ela: "Marissa, você contratou todos os jovens inteligentes de 23 anos do planeta, mas eles estão deixando todo mundo louco. Ou isso vira um *home run* ou a coisa vai explodir. Controle-os".

Marissa recorreu a Bill. Ele poderia ajudar? Bill concordou em participar de uma de suas reuniões, uma noturna, na qual a primeira turma de gestores de produto associados falou de seus projetos e dos problemas que estava tendo. Para Marissa, a reunião foi um fracasso. Muito chata! Só um monte de gente dando informações de seu status e reclamando.

Bill notou algo diferente. Depois da reunião, chamou Marissa de lado. "Eles estão empacados", disse, "e você não é a pessoa certa para ajudá-los. Você está aqui desde o início e sabe como fazer as coisas, por isso não consegue se identificar com os problemas que eles estão tendo. Arrume alguém que os auxilie a descobrir qual é o próximo passo. Crie um fórum onde eles possam ajudar uns aos outros. Isso vai resolver o problema." E, claro, ele estava certo.

Esse é um exemplo do poder da observação no trabalho; escutar, buscar padrões, avaliar pontos fortes e fracos. Como Lee C. Bollinger diz, "Bill tinha uma grande capacidade de entender as pessoas com quem trabalhava. Ele era intuitivo com elas e sabia o que as motivava e como incentivá-las". Ele conseguia isso buscando a tensão, ou seja, a fumaça do fogo de um problema. Nas reuniões da equipe de Eric, por exemplo, ficava sentado na sala, em geral sem dizer muita coisa, sentindo o aumento nos níveis de tensão e percebendo onde isso acontecia. Normalmente nossas reuniões de equipe eram abertas e transparentes, todos eram encorajados a compartilhar opiniões e ideias, mesmo em questões não diretamente relacionadas a suas funções. Mas isso nem sempre era suficiente. Bill percebia quando as pessoas ferviam por dentro.

Isso requer uma observação aguda. Não só ouvir as palavras, mas perceber a linguagem corporal e as conversas paralelas. Muitos com quem conversamos comentaram sobre a capacidade de Bill de perceber quando os outros estavam frustrados. Essa é uma habilidade natural, mas que pode ser desenvolvida. Você tem que ouvir e observar.

Jim Rudgers, que fazia parte da equipe de treinamento de Bill em Columbia, relembra a notável capacidade do Treinador de ver todo o campo e os 22 jogadores abertos a sua frente. "Levante um dedo e olhe para ele", diz Jim. "É assim que a maioria das pessoas assiste ao jogo; o dedo é o jogador com a bola." Mas Bill podia ver, recordar e avaliar as coisas que aconteciam na periferia também. Ele levava essa habilidade para reuniões de equipe. Não via só o orador; podia ver todo o campo e avaliar as reações e intenções inclusive daqueles que ficavam em silêncio – que não estavam com a bola.

Então, ele falava com as pessoas. Como Bill explicou uma vez em um seminário de gestão no Google: "Eu tenho um pouco mais de tempo que Larry, que Sundar, para fazer essas coisas. Portanto, vou dizer a Sundar: 'Quer que eu converse com fulano de tal?'. 'Sem dúvida.' 'E é isso que vou dizer a ele. Tudo bem para você?' 'Sim. Ótimo.' Perfeito, e isso ajuda um pouco a movimentar a coisa. Vamos movimentar".

Rachel Whetstone recorda uma vez que foi tomada uma decisão que não era a que ela queria quando cuidava das comunicações e políticas do Google. Ela estava em uma das reuniões da equipe de Eric, e estavam discutindo uma questão importante que dava dores de cabeça ao departamento de relações públicas. Ela vinha pressionando por uma mudança fazia tempo, e, quando não conseguiu a decisão que queria, ficou chateada. Achava que eles estavam cometendo um erro. Bill a procurou depois da reunião. "Ouça", disse a ela, "decidimos não fazer essa mudança para aquela coisa em particular desta vez. Lamento e sei que é difícil, mas você vai ter que engolir isso, ok?"

Isso não é um discurso motivacional, certo? Seu conselho foi "engula essa"! Mas, às vezes, é só isso mesmo: reconhecer que as coisas não saíram do jeito que a pessoa queria, demonstrar um pouco de empatia e fazê-la lembrar que precisa se animar e se fortalecer pela equipe. Esses eram os tipos de mensagens que Bill passava o tempo todo. Curtas, oportunas e altamente eficazes.*[11]

E embora a habilidade de observar a tensão seja difícil de desenvolver, falar com as pessoas não é. Requer apenas tempo e a capacidade de se comunicar bem com os colegas. Bill poderia ter

---

* A maioria das pesquisas sobre transmissão de más notícias mostra que a empatia é fundamental para isso. Um artigo de 2000 com oncologistas que precisam dar más notícias aos pacientes observa que, enquanto "a emoção não for esvaziada" (por meio da empatia), é difícil continuar discutindo um plano.

notado a frustração de Rachel e simplesmente esquecido; não era sua função resolver o problema dela. Mas, em vez disso, ele fez o esforço de ter uma conversa com ela, de fazer essa conexão pequena e importante. É muito fácil se esquecer de ter essas pequenas conversas em um dia agitado, mas, para Bill, isso era prioridade.

Embora nada disso fosse dissimulado ou secreto, tudo tinha um ar de "por trás dos bastidores". Bill raramente falava sobre essas conversas individuais; ele simplesmente chamava você de lado e dizia algumas palavras baixinho. Isso era intencional, e outra diferença entre um treinador esportivo (que está na frente, liderando o time, altamente visível) e um coach empresarial. Como Deb Biondolillo diz, Bill é "a sombra atrás da gente. Você o ouve, mas ele não está na frente. Ele podia ser menos limitado, mais genuíno, ficando em segundo plano".

Tudo isso era feito sem segundas intenções. Bill muitas vezes não expressava sua opinião sobre uma decisão; apenas pressionava para que se tomasse uma. Quando ele percebia esses momentos, atuava nos bastidores, extraindo pontos de vista das pessoas, fechando lacunas de entendimento e consertando falhas de comunicação, de modo que, quando chegava a hora de discutir as coisas nas reuniões e tomar decisões, todos estavam preparados.

Então, Bill se sentava, observava e recomeçava o ciclo.

PREENCHA AS LACUNAS ENTRE AS PESSOAS
OUÇA, OBSERVE E PREENCHA AS LACUNAS DE COMUNICAÇÃO E ENTENDIMENTO ENTRE AS PESSOAS.

Permissão para ser empático

Quando você resume os princípios que Bill usou para construir equipes e tenta aplicá-los como gestor, você se dá, como diz Bradley Horowitz, "permissão para ser empático". Depois de uma carreira de sucesso no Vale do Silício na Virage e no Yahoo, Bradley foi um dos líderes do desenvolvimento do Google+, seguido por seu fruto mais bem-sucedido, o Google Fotos. Ele se reuniu com Bill várias vezes ao longo desse período, e sempre se impressionava com o modo como invariavelmente ele conduzia as reuniões: falando de assuntos pessoais. Como estava a família de Bradley? Qual era sua motivação? A abordagem de Bill era fazer a conexão humana primeiro e, depois, com esse entendimento, focar o trabalho.

"Essa coisa sensível não está no manual", diz Bradley. "É muito fácil ficarmos envolvidos com o que estamos produzindo, e não com a maneira como estamos fazendo. Mas liderar equipes fica mais agradável quando você conhece as pessoas e se importa com elas. É libertador." (Uma razão pela qual a empatia não está no manual, segundo *The Athena Doctrine* [A doutrina de Atena], um livro de 2013 de John Gerzema e Michael D'Antonio, é por ser tipicamente vista como uma característica feminina.[12] O proverbial manual foi praticamente escrito por homens!)

Bradley teve a chance de aplicar o que aprendeu com Bill quando ficou responsável por descobrir o que fazer com o Google+. O produto foi lançado com grande alarde como a entrada do Google nas redes sociais. Não obteve adesão generalizada, mas alguns componentes, como os recursos de gestão de fotos, eram bastante populares. Então, Bradley e outros membros da equipe criaram um plano para fazer do Google Fotos um produto independente. Tiveram apoio dos líderes seniores e começaram a trabalhar.

O problema era que muitos engenheiros e gestores de produto que haviam trabalhado no Google+, inclusive muitas pessoas mais experientes, haviam deixado a equipe – e, em muitos casos, a empresa. Muitos dos que permaneceram no time nunca haviam liderado um projeto desse escopo antes. Bradley e sua equipe sabiam que tinham um ótimo mercado para o produto – era o produto certo para usuários de telefonia móvel que adoravam fotos (praticamente todo mundo!) e o momento certo. Mas eles eram a equipe certa para fazê-lo e podiam ser bem-sucedidos?

Bradley aplicou a abordagem de Bill – permissão para ser empático. Priorizou seu tempo dedicando-o não a questões táticas e técnicas, e sim a questões de equipe. Passou a conhecer os membros da equipe e se interessar por eles como pessoas, estimulou-os, pressionou-os e implorou-lhes e, depois, ajudou a aumentar o embalo quando começaram a alcançar marcos importantes. Ele focou a equipe, não o problema, e a equipe respondeu. Os líderes seniores começaram a se voluntariar quando Bradley lhes deu mais liberdade.

A certa altura, quando o projeto estava realmente começando a rolar, um dos mais importantes líderes técnicos da equipe procurou Bradley. Ele sabia que estava se saindo bem, e exigiu mais poder e responsabilidade – o que estava compartilhando com outro líder. Senão, iria para o Facebook, que havia acabado de lhe fazer uma proposta muito boa.

Não demorou muito para Bradley decidir. A equipe que ele nutria por meio da empatia era mais importante que uma única pessoa. "Acho que você vai para o Facebook", disse.

PERMISSÃO PARA SER EMPÁTICO
LIDERAR EQUIPES FICA MAIS AGRADÁVEL, E A EQUIPE, MAIS EFICAZ, QUANDO VOCÊ CONHECE AS PESSOAS E SE IMPORTA COM ELAS.

Bill Campbell empregou todas essas técnicas, desde fazer boas contratações (escolher os jogadores certos) até promover a diversidade de gêneros (sentar-se à mesa) e cuidar de pequenos mal-entendidos antes que se tornassem grandes (preencher as lacunas entre as pessoas) para ajudar as equipes a alcançarem a grandeza. E a essência de Bill era a essência de praticamente qualquer treinador esportivo: o time em primeiro lugar. Todos os jogadores, de astros a reservas, têm que estar prontos para pôr as necessidades coletivas acima das individuais. Dado esse compromisso, as equipes podem realizar grandes coisas. É por isso que, quando Bill se deparava com um problema, sua primeira pergunta não era sobre a questão em si, e sim sobre a equipe encarregada de cuidar dela. Resolva a equipe e você resolverá o problema.

CAPÍTULO 5

O poder do amor

Em fevereiro de 2003, Brad Smith havia acabado de ser contratado como o novo executivo da Intuit. A contratação havia envolvido certo drama – um dos ex-empregadores de Brad alegava que, ao entrar na Intuit, ele havia violado alguns acordos de não concorrência. Foram necessários tempo, advogados e dinheiro para resolver as coisas. Pouco depois de a poeira baixar e Brad entrar na empresa, ele participou de uma conferência de liderança na Intuit, na qual os principais funcionários do mundo todo se reuniram para discutir os planos da empresa e se conhecer melhor. Foi uma grande oportunidade para Brad conhecer seus novos colegas e causar uma boa primeira impressão.

Na primeira manhã da conferência, enquanto as pessoas enchiam xícaras de café e conversavam com amigos e colegas, Brad circulava entre todos trocando apertos de mão e cumprimentos. De repente, alguém o pegou por trás e lhe deu um abraço de urso. As primeiras palavras de Bill Campbell para Brad foram: "Então, você é o filho da mãe que me custou um monte de dinheiro? É melhor você valer a pena!". Só que ele usou um termo mais expressivo que "filho da mãe".

Nós não recomendamos necessariamente que você cumprimente novos colegas com abraços e palavrões. Ainda preferimos apertos de mão e conversas sutis mais tradicionais. Cada um tem seu próprio estilo, obviamente; abraços e palavrões eram o de Bill. Mas o mais importante é o que isso significava, tanto para Bill quanto para as muitas pessoas que recebiam seu tratamento. Ele não quebrava a cara com sua mania de abraços e palavrões porque todo o seu comportamento estava enraizado no coração: provinha do amor. E não só não quebrava a cara, como as pessoas esperavam ansiosamente os abraços e palavrões de Bill, porque significavam que ele as amava.

Sim, amor. Sejamos claros: o tipo de amor a que nos referimos é totalmente casto. Ele nunca passou dos limites nem chegou perto disso. Ele abraçava quase todo mundo e, às vezes, quando não podia se aproximar o suficiente para isso, jogava beijos. Bem ali, no meio de uma reunião do conselho, ou da reunião da equipe de Eric, Bill olhava para você, dava uma piscadinha e jogava um beijo. Todos entendiam com total clareza a intenção de seus abraços e beijos: demonstrar que se importava com as pessoas, que as amava.

Estudos acadêmicos apontam que existe um "efeito compensatório" entre a afeição e a competência: as pessoas tendem a supor que indivíduos afetuosos são incompetentes, e que os frios são competentes.[1] Esse, obviamente, não era o caso de Bill. Como o cofundador do Google Sergey Brin diz: "Ele é uma perfeita combinação entre uma mente afiada e um coração caloroso". Mas, quando Jerry Kaplan conheceu Bill na GO, concluiu apenas que era um "atrapalhado [...] homem de meia-idade".[2] O que significa que você deve liderar com afeto, mas saber que talvez tenha que se esforçar um pouco mais para construir sua reputação de competência.

Amor é uma palavra que não se ouve muito no âmbito profissional. Claro, talvez as pessoas expressem amor por uma ideia, um produto, uma marca ou um plano, ou por aquela sobremesa que estão servindo na lanchonete hoje. Mas não por uma pessoa. Todos nós fomos condicionados e treinados a separar nossas emoções pessoais do ambiente profissional. Todos nós queremos contratar pessoas com paixão, mas só no sentido profissional, claro, para que os advogados e o pessoal do RH não fiquem preocupados. Então, o que acontece é que vivemos diariamente uma existência na qual o eu humano e o eu profissional são seres praticamente separados dentro de nós.

Mas não era assim com Bill. Ele não separava as partes humana e profissional; simplesmente tratava todos como pessoas: profissional, pessoal, familiar, emocional... todos os componentes em um pacote só. E se você fosse da turma dele, ele se importaria com você de um jeito feroz e genuíno. "Quando Bill entrava no escritório da Benchmark, parecia uma festa", diz Bill Gurley. "Ele passava cumprimentando as pessoas pelo nome, abraçando-as." Depois dos abraços e saudações, ele falava sobre família, viagens, amigos. Bill era coach de equipes e adorava pessoas. O que aprendemos com ele é que não se pode ser um sem o outro. As pesquisas acadêmicas, como de costume, confirmam isso, mostrando que uma organização rica no tipo de "amor companheiro" que Bill demonstrava (interesse, afeto) terá funcionários mais satisfeitos e mais trabalho em equipe, menos absentismo e melhor desempenho dos times.[3]

Mais no começo do livro, contamos uma história de Jesse Rogers sobre como Bill ligou para ele e o esculachou por causa do site ruim de sua empresa nova. Jesse relembrou essa história em uma combinação de risos e lágrimas, e então comentou algo que ouvimos várias vezes em nossas conversas sobre Bill. O esporro, a crítica ao site, "era tudo feito com amor", diz Jesse. "As pessoas não estão acostumadas a falar sobre o conceito de amor masculino. Quando ele está gritando com a pessoa, é porque a ama e se importa com ela, e quer que tenha sucesso."

John Donahoe chama isso, com devida reverência à banda Huey Lewis and the News, de "o poder do amor". "Ele tinha um jeito de comunicar que nos amava. E isso lhe dava permissão para dizer que estávamos fazendo merda e que podíamos fazer melhor [...]. O foco nunca era ele. Provindo dele, não doía quando dizia a verdade."

Foi isso que aprendemos com Bill: que tudo bem amar, que os membros de sua equipe são pessoas, que a equipe toda fica mais forte quando você derruba os muros entre o eu humano e o profissional e abraça a pessoa inteira com amor.

Literalmente, no caso de Bill.

TOP 10 "BILLISMOS"

Bill muitas vezes tinha uma maneira única de dizer que nos amava. Aqui estão suas dez favoritas, como recordou seu amigo e colega de equipe Ted Gregory. A lista foi impressa na contracapa do programa dado aos convidados no memorial de Bill.

10. "Você deveria mandar lavar e queimar essa camisa."
9. "Você é burro como um poste."
8. "Ele é um dos maiores imbecis de nossa época."
7. "Você é uma anta."
6. "Você não conseguiria correr 36 metros em cinco segundos nem na descida."
5. "Suas mãos parecem pés."
4. "Você tem um dom pra estragar qualquer coisa."
3. "Você está tão fodido que *me* faz parecer bem."
2. "Não faça merda."
1. "Esse é o som da sua cabeça saindo da sua bunda."

Um belo *reset*

"Para se importar com as pessoas, você tem que se importar com as pessoas." Isso parece uma citação muito antiga; nós a ouvimos algumas vezes das pessoas em nossas conversas sobre Bill. Mas não é; pelo menos não a pudemos encontrar na internet. De modo que, a partir de agora, vamos reivindicar sua autoria. Para se importar com as pessoas, você tem que se importar com as pessoas! Ouvimos o tempo todo no mundo profissional que o ativo mais importante de uma empresa é seu pessoal, que as empresas colocam seus funcionários em primeiro lugar, que se importam com eles, e blá-blá-blá. E não são necessariamente palavras vazias; a maioria das empresas e dos executivos realmente se importa com seu pessoal. Mas talvez não com a pessoa toda.

Bill se importava com as pessoas. Ele tratava todas com respeito, sabia seus nomes, dava-lhes uma saudação calorosa. Ele se importava com a família delas, e, quanto a isso, seus atos falavam mais que suas palavras. Jesse Rogers fala sobre quanto sua filha gostava de Bill, sobre como Bill sempre parava, quando a via, para lhe dar um grande abraço. Ruth Porat diz que, quando ela assumiu o cargo de CFO do Google e começou a ir e voltar de Nova York, a principal preocupação de Bill era como o marido dela estava encarando isso. Ele estava feliz? O que Bill poderia fazer para ajudar? "Ele se importava com a pessoa inteira", diz Ruth. "Nós conversamos muito sobre isso."

Sundar Pichai recorda que Bill começava cada reunião semanal às segundas-feiras perguntando sobre a família e o fim de semana dele e falando dos seus. "Quando eu ia a essas reuniões, estava sempre ocupado, com muitas coisas para fazer, mas o tempo que passava com Bill sempre me dava perspectiva. O que eu estivesse fazendo era importante, mas ele me mostrava que o mais importante no fim das contas é como você vive sua vida e as pessoas que estão nela. Era sempre um belo *reset*." O papo de Bill sobre família não era furado. Isso proporcionava a seus pupilos um descanso no meio de um dia agitado e uma chance de aliviar o conflito trabalho-família, pelo menos momentaneamente.

Bill não reservava seu afeto apenas para executivos. Quando Mickey Drexler estava na diretoria da Apple e viajava para Cupertino para as reuniões, parava com frequência na loja da J.Crew de lá (ele foi CEO da J.Crew), no shopping Stanford. Os vendedores lhe contavam que seu amigo Bill fazia compras lá. Eles amavam Bill Campbell naquela loja. Bill sabia o nome deles, sempre os cumprimentava calorosamente e tratava todos com respeito, como iguais. "Ele agia com o pessoal da loja da mesma forma como agia com o pessoal da diretoria da Apple", diz Mickey. "Eu aprendi com isso."

Nada disso parece novidade, não é? Quando nos reunimos com colegas, muitas vezes perguntamos sobre a família. A diferença de Bill – e uma coisa difícil de fazer em um ambiente profissional agitado – é que ele sempre encontrava um jeito de *conhecer* as famílias. Em diversas ocasiões, conseguia isso simplesmente indo além do básico "como estão as crianças?". Com Jonathan, não era só "como vai a família?", era: "Como foi o último jogo de futebol de Hannah?". O que evoluía para onde ela estava pensando em fazer faculdade. Que evoluía para conselhos detalhados sobre onde ela se encaixaria melhor. Então, quando ele visse a família de Jonathan nos eventos, todos receberiam o mesmo abraço que qualquer outra pessoa.

Bill desenvolveu esse hábito no início de sua carreira. Marc Mazur, consultor da Brightwood Capital, conhecia Bill desde que o treinador Campbell o recrutara para jogar em Columbia no final dos anos 1970. Durante a visita para o recrutamento, Bill entrou na casa dos Mazur e logo deduziu que era um lar maternal. "Eu sempre cuidarei de seu filho", disse Bill à Sra. Mazur. No ano seguinte, como calouro, Marc machucou o joelho da perna que usava para chutar. Não poderia mais chutar pelo Lions – nem nessa temporada nem em nenhuma outra. Bill ligou para a mãe de Marc e disse que sua promessa ainda era válida. Ele continuaria cuidando de Marc, e prometeu que o garoto não perderia sua bolsa se não pudesse jogar. Marc estava no time de calouros na época, e era raro que os treinadores universitários, ainda mais o treinador principal, se interessassem pelos calouros. Mas Bill se interessava, e os dois foram próximos durante o resto da vida do Treinador, justamente por causa de sua lealdade para com Marc e sua família.

Conversas como as que Bill teve com a mãe de Marc certamente provavam a importância de a família de um membro da equipe entender que a organização se importa com o jogador e vice-versa. O CEO da Nextdoor, Nirav Tolia, tinha apenas 26 anos quando começou a trabalhar com Bill, e, no início, este pediu o número de telefone de seu pai. Depois que conversaram, Nirav perguntou a seu pai como havia sido a conversa com Bill. "Foi legal", foi a resposta, mas "Bill me pediu para não dar detalhes". Bill não perguntou a Nirav sobre sua família; simplesmente falou com ela.

Isso não era norma para Bill – depois que abandonou o futebol americano, não costumava falar com os pais das pessoas. Mas havia muitos casos em que ele se importava com uma pessoa importando-se com sua família, não só perguntando sobre seu bem-estar, mas também demonstrando afeto por ela. Em alguns casos (incluindo no de Eric, que perdeu o pai quando tinha 26 anos), Bill se tornou uma figura paterna para seus pupilos. Assim como Eric, Omid Kordestani perdeu o pai quando era jovem, e passou a ver Bill como uma figura paterna "com um grande coração e muita sabedoria". Quando Omid assumiu o cargo de presidente-executivo do Twitter, ele se encontrou com Bill para conversar sobre o posto, dada a experiência deste como presidente da Intuit. Mas passaram a maior parte do tempo falando sobre família. Só depois de falar das coisas importantes foi que começaram a falar sobre o Twitter.

E quando a situação era mais urgente, Bill sempre se colocava à disposição das famílias. Quando Mike Homer, amigo íntimo e colega de Bill na Apple e na GO, ficou doente – acometido pela doença de Creutzfeldt-Jakob –, Bill o visitava frequentemente em casa e ajudou quanto pôde, priorizando Mike acima de seu trabalho no Google e em outras empresas. Ele conhecia os cuidadores de Mike pelo nome, sempre conversava com eles. "Ele queria que soubessem que Mike era muito amado pela família e pelos amigos", diz a viúva de Mike, Kristina Homer Armstrong. "Ele esperava que isso os incentivasse a fazer o melhor possível."

Da mesma forma, quando Steve Jobs ficou incapacitado pelo câncer, Bill o visitava quase todos os dias, quer Steve estivesse em casa, no escritório ou no hospital. Phil Schiller, diretor de marketing da Apple, trabalhou com os dois e foi amigo de ambos. Ele recorda: "Bill me mostrou que, quando você tem um amigo ferido ou doente, ou que precisa de você de alguma maneira, você larga tudo e simplesmente vai. É isso que você faz. É isso que Bill faria. Simplesmente ia".

O afeto e a compaixão podem ter um imenso impacto em uma organização. Quando Bill foi CEO da Intuit, uma de suas líderes de equipe, Mari Baker, teve um problema de saúde durante uma viagem a trabalho e foi hospitalizada. Quando Bill soube da situação, alugou um jato para levar o marido de Mari à costa leste para que ficasse com ela e a trouxesse para casa. À primeira vista, isso parece apenas um gesto generoso, mas, na verdade, histórias como essa podem indicar a devoção do líder à empresa toda e gerar uma imensa lealdade em troca.[4]

Mark Human, que dirige o El Dorado Golf e Beach Club em Cabo San Lucas, no México, conta uma história semelhante sobre um funcionário dele. Bill tinha uma casa em El Dorado, e conheceu bem Mark durante os anos em que passou férias lá. Mark era um jovem gestor, ainda na casa dos 20 anos, quando conheceu Bill, e hoje recorda que este sempre tinha tempo para dar um olá, um abraço, e sussurrar algo positivo em seu ouvido. Mark nunca se esqueceu disso. "Você tem que separar um tempo para cheirar as rosas, e as rosas são seu pessoal", diz ele. "Reconhecer que as pessoas querem falar com você sobre outras coisas que não apenas trabalho." Mark tinha um funcionário que ficou gravemente ferido enquanto auxiliava uma família no clube. Ele ajudou a montar um grupo para bancar os meses de atendimento médico de que o jovem necessitaria; agora, o rapaz está terminando os estudos e retomando seu trabalho no clube.

Mark e sua equipe também reservam um tempo para fazer da festa de fim de ano uma ocasião verdadeiramente especial. As pessoas se arrumam e, independentemente do nível ou da situação, dançam. A taxa de rotatividade de Mark é baixa em comparação com os inúmeros outros resorts no Cabo, coisa que ele atribui à cultura que ajudou a criar e que foi inspirada por Bill.

A compaixão não é só uma coisa boa; ela é boa para os negócios. E um artigo de 2004 argumenta que a compaixão individual, como a que Bill e Mark demonstraram, pode se transformar em "compaixão organizacional" quando os componentes da equipe percebem, sentem e respondem coletivamente à dor sentida pelos membros do grupo. Isso acontece quando a organização "legitima" essa empatia – por exemplo, quando líderes como Bill ou Mark tomam a iniciativa de ajudar membros individuais da equipe. A compaixão pode começar de cima.[5]

Em nossa vida, nós não tentamos amar as pessoas como Bill fazia. Nós não abraçamos; não nos aprofundamos tanto em sua vida familiar. Não ligamos para os pais delas! Se seu coração não é naturalmente tão grande quanto o de Bill, fingir não adianta. Repetimos: não finja! Mas a maioria das pessoas gosta de seus colegas de trabalho; importa-se com eles. Entretanto, quando entramos no escritório, deixamos todos os sentimentos mais intensos do lado de fora. E Bill nos ensinou a fazer o oposto. Abra espaço para isso! Pergunte sobre a família, aprenda o nome das pessoas, depois faça mais perguntas, veja fotos e, acima de tudo, tenha afeto.

UM BELO *RESET*
PARA SE IMPORTAR COM AS PESSOAS, VOCÊ TEM QUE SE IMPORTAR COM AS PESSOAS: PERGUNTE SOBRE SUA VIDA FORA DO TRABALHO, ENTENDA SUA FAMÍLIA E, QUANDO COISAS RUINS ACONTECEREM, DÊ AS CARAS.

O aplauso Bill Campbell

Imagine que você está apresentando um novo produto para a diretoria da Apple em algum momento dos anos 2000. Talvez você esteja nervoso ao entrar na sala. Lá estão Steve Jobs, Al Gore e, entre eles, Bill Campbell. Você começa a falar sobre o produto; talvez seja o novo iPad ou iPhone, talvez o mais recente sistema operacional para Mac. Você fala do *timing*, quando o produto será lançado. Então, prende a respiração e apresenta o demo.

Pouco depois, começam os aplausos. "Bill aplaudia e ovacionava, erguia os punhos, ficava muito animado!", recorda Phil Schiller. "Ele demonstrava uma reação emocional aos produtos, não como a reação do conselho, seca, tediosa e de olho no lucro. Ele pulava da cadeira, era uma explosão de emoção." O efeito disso não era tanto na aprovação do produto, e sim na aprovação da equipe. "Eu sempre sentia como se meu tio ou pai estivesse me dando seu apreço e respeito", diz Phil. "Essa é uma das coisas mais importantes que aprendi com Bill. Não fique só sentado na cadeira. Levante-se e dê apoio às equipes, mostre *amor* pelo trabalho que eles estão fazendo."

"Tudo que Bill levava para a sala de reuniões provinha de seu coração", diz Bob Iger, CEO da Disney e membro do conselho da

Apple. Mas havia outro propósito por trás de seu entusiasmo, além de demonstrar amor pela equipe. "Uma vez que ele começava a aplaudir", diz Bob, "era difícil discordar. Os aplausos pareciam vir do conselho, não só de Bill. Era seu jeito de animar as pessoas, mas também de fazer as coisas andarem para a frente." Quando Bob nos disse isso, a ficha caiu. Isso era bem coisa de Bill; claro que era isso que ele fazia! Com um gesto, uma pequena explosão de aplausos entusiasmados, ele dizia à equipe que amava seu trabalho, como um grande tapinha nas costas, e mantinha as coisas em movimento. A ovação estridente de Bill não apenas sinalizava sua aprovação, como também dava ímpeto a todo o grupo presente. Que técnica brilhante!

Clay Bavor, diretor de produtos de realidade virtual e aumentada do Google, recorda algo similar. Em abril de 2015, Clay fez uma apresentação para os executivos do Google em uma análise de produto, exibindo novos fone de ouvido e câmera de realidade virtual. Após a demonstração do novo equipamento, ele distribuiu um visualizador básico de realidade virtual chamado Cardboard, criado pelo Google, e fez uma demonstração de um recém-criado aplicativo desenvolvido para esse dispositivo. O programa foi chamado de Expeditions; permitia que os professores dessem aula durante visitas virtuais a locais importantes no mundo todo. O que significava que, nessa demonstração, Clay era o "professor" e os executivos eram seus "alunos". Clay se sentia meio estranho, mas, de repente, do fundo da sala, explodiram os altos aplausos de Bill. "Foi impressionante", diz ele. "Como um ponto de exclamação gestual." Não foi uma série completa de aplausos, e sim cinco palmas fortes. "Isso realmente me deixou à vontade. Foi como se ele estivesse dizendo que o que havíamos feito era legal, e quebrou o gelo, permitindo que outras pessoas também se animassem."

Hoje Clay incorporou o "Aplauso Bill Campbell" – "Bill Campbell Clap", BCC – à cultura da equipe. Quando alguém anuncia algo bom em uma reunião, outra pessoa bate cinco palmas fortes.

Quando alguém aplaude no escritório, as pessoas perguntam: "Para que foi o BCC?". Clay inclui o BCC no treinamento dado aos novos membros da equipe; eles até o ensaiam. Essa equipe tem centenas de pessoas agora, e cada uma delas aprendeu o aplauso de Bill.

O APLAUSO BILL CAMPBELL
OVACIONE AS PESSOAS E SEU SUCESSO.

Construa comunidades sempre

O Super Bowl XIX foi jogado em janeiro de 1985 no Stanford Stadium, em Palo Alto, perto da casa de Bill. O estádio era como uma grande tigela, construído em 1921 e revestido com bancos de madeira famosos por deixarem farpas de lembrança nos torcedores depois de passarem o dia sentados assistindo a um jogo.* Então, quando o Super Bowl chegou à cidade, Bill e a equipe de marketing da Apple viram uma oportunidade: forraram o estádio inteiro, com mais de 80 mil assentos, com almofadas com o logo da Apple de um lado e o do Super Bowl do outro. Como o jogo era quase no quintal de sua casa, e como ele era pessoalmente responsável por poupar as costas de dezenas de milhares de fãs, Bill decidiu ir ele mesmo verificar tudo. Ele reuniu alguns amigos em sua casa e foram juntos andando até o estádio, pegando Steve Jobs no caminho. Foi um grande jogo em um dia frio e nublado. Os 49ers venceram os Miami Dolphins, e os rapazes se divertiram demais.

Esse foi o início do grupo do Super Bowl de Bill, que se reunia para o jogo todos os anos. Bill arranjava os ingressos e providenciava o transporte, ao passo que um amigo seu em Columbia, Al

---

* Inclusive, no final dos anos 1970, em uma dupla de garotos de lá chamados Jonathan e Alan.

Butts, cuidava dos hotéis. O grupo original incluía Bill, Al e seus amigos de Columbia John Cirigliano e Ted Gregory. Às vezes incluía Donna Dubinsky; o irmão de Bill, Jim, e sua filha Renee e o marido dela; o filho de Al, Derek; Dave Kinser, sua esposa, Norma, e uma seleção rotativa de seus quatro filhos; Spike Bloom (um amigo da Kodak e da Apple) e seu filho; seu amigo de Columbia Gene Schatz; e os filhos de Bill, Jim Campbell e Maggie Campbell, e os amigos deles. Eles chegavam à cidade do Super Bowl na quinta ou sexta-feira, arranjavam um bom bar para fazer de quartel-general temporário e passavam o tempo até o pontapé inicial – como diz Al – "com muitas piadas ruins, trocas de ofensas e risos, e uma ocasional conversa mais profunda".

Certo ano, Bill tinha ingressos a mais, e os deu a duas crianças incrédulas que havia visto tentando comprar entradas baratas de um cambista. Quando, gaguejando, o cambista perguntou por que Bill havia acabado de dar a alguém algo tão valioso, ele respondeu: "Porque assim as crianças podem se divertir". Outro ano, quando algumas pessoas tiveram que cancelar em cima da hora, Bill convidou as garçonetes do restaurante onde a turma havia jantado na noite anterior. Elas ficaram muito felizes!

"Os jogos do Super Bowl eram importantes para Bill", diz Al. Não o jogo, mas o grupo. "Seus amigos e suas interações com ele mesmo e entre si eram muito importantes para ele." Antes de falecer, Bill quis assegurar que a tradição da viagem continuaria em sua ausência. Então, criou um fundo para isso. Já ouvimos falar de pessoas que concedem bolsas de estudo, mas uma viagem ao Super Bowl? Bill era assim. Ele estava tão decidido a garantir que essa tradição continuasse que deixou dinheiro suficiente para pagar pelo menos mais uma década de viagens.

E essa não era a única viagem esportiva de Bill. Havia a viagem anual de beisebol, que sempre incluía um jogo dos Pirates em Pittsburgh, uma visita a Homestead e alguns outros jogos no fuso horário do leste. Havia a viagem de golfe para Cabo San Lucas.

Havia a da cerimônia anual de admissão no Hall da Fama do futebol americano universitário. Havia a viagem de pesca anual para Butte, Montana, onde todo ano Bill ajudava a comandar um evento de caridade. Todas essas viagens foram garantidas por Bill quando ele nos deixou, para que seus amigos pudessem continuar indo mesmo em sua ausência.

Em Homestead, ele patrocinou o encontro do ensino médio, garantindo que sua antiga gangue pudesse se reunir regularmente. E mesmo antes de ser treinador na Sacred Heart, ele organizava eventos após os jogos, nos quais todas as famílias podiam se reunir para tomar uma cerveja ou um refrigerante, comer hambúrguer, falar sobre o jogo e contar histórias. E nunca deixava ninguém pagar nada. Bill recordava sua época de técnico de futebol assistente no Boston College, quando percebia que alguns treinadores às vezes declinavam participar de eventos sociais, talvez porque não pudessem bancá-los. Ele queria se assegurar de que ninguém deixasse de ir a um evento por restrições financeiras, por isso, sempre pagava a conta.

O denominador comum de todas essas viagens era a comunidade. Bill construía comunidades instintivamente. Ele sabia que um lugar era muito mais forte quando as pessoas estavam conectadas.

Ele dava tanta importância à comunidade que investiu em um lugar para que as pessoas se reunissem. O Old Pro era um pub que havia sido inaugurado em 1964, na esquina da El Camino Real com a Page Mill Road, em Palo Alto, em um barracão Quonset de aço de origem desconhecida. Bill começou a frequentá-lo com sua equipe da Intuit na década de 1990 e, quando o pub foi forçado a se mudar, em meados dos anos 2000, ele ajudou os proprietários, Steve e Lisa Sinchek, a se estabelecerem em um local mais novo e elegante no centro de Palo Alto. Bill podia ser encontrado lá quase toda sexta-feira à tarde. Pessoas diferentes se reuniam lá, sempre com muita comida e cerveja, e, quando alguém novo aparecia, Bill, com espírito generoso, apresentava a pessoa. Ele escolhia sua melhor característica ou realização e a destacava. A única regra era que você não podia ir lá com alguma intenção oculta. Ninguém ia ao Old Pro para fazer "networking" ou para falar de acordos. Bill gostava do pub por causa de sua atmosfera casual; era um lugar onde se podiam deixar as formalidades de lado e as pessoas podiam ser elas mesmas, rir de velhas histórias ou falar de negócios. Era a manifestação física das numerosas comunidades que ele criou. E ainda é um dos locais mais populares de Palo Alto.

Bares parecem ser um tema constante nas histórias de construção de comunidades de Bill. Phil Schiller conta um caso da época em que Bill recebeu um diploma honorário do Boston College, onde havia sido treinador de futebol assistente antes de ser diretor em Columbia. Phil havia se formado no BC e participou da cerimônia. Depois, Bill se voltou para Phil e sugeriu que fossem ao Mary Ann's, uma espelunca bem conhecida perto do campus. Quando chegaram lá, ele disse ao bartender que as Bud Lights (sua cerveja preferida) eram por conta dele naquela noite, não só para o grupo, mas para todo o bar. Era dia de formatura, de modo que, naturalmente, o lugar começou a se encher de pais orgulhosos e de recém-formados, e a maioria foi recebida com uma cerveja gelada e um abraço de urso de um velho treinador de futebol americano.

A construção de comunidades tem muitas semelhanças com as práticas de construção de equipes que discutimos no capítulo anterior. Para Bill, tudo fazia parte de uma grande aproximação. Uma vez que você tem sua equipe ou sua comunidade, o mais importante são os laços entre as pessoas do grupo, que são forjados pelo afeto mútuo e pelo bem comum. Bill viajou muito com as pessoas, mas as viagens não eram o objetivo das comunidades – as comunidades eram o objetivo das viagens. O objetivo era fazer conexões duradouras entre os integrantes, gerando o que os sociólogos chamam de "capital social".[6] Como diz John Cirigliano, um amigo de Bill desde a época de Columbia: "Bill se alimentava da energia das pessoas de suas comunidades, da energia que geravam por fazer parte de uma comunidade. E o mesmo pode ser dito daqueles a quem ele aconselhou. Ele era uma espécie de máquina de movimento perpétuo".

Bill teve a sorte de poder bancar com bastante luxo a construção de comunidades. A maioria dos indivíduos não pode patrocinar viagens anuais ao Super Bowl nem comprar um bar! Mas existem muitas maneiras de criar capital social. Muitas pessoas com quem conversamos comentaram sobre a tendência de Bill a conectá-las com outras; ele era extraordinário nisso. Você estava conversando com ele sobre alguma coisa e ele dizia: "Você deveria falar com fulano, ou sicrano. Vou pôr vocês em contato". Minutos depois, um e-mail estava a caminho. Ele não fazia isso aleatoriamente; fazia um cálculo rápido e via que a conexão seria benéfica para ambas as partes. E isso é uma ótima definição de comunidade.

Suas reuniões no Old Pro são outro exemplo. Ao custo de algumas cervejas, ele reunia as pessoas semanalmente. Construir uma comunidade não precisa ser caro.

Talvez seja mais fácil entender esse princípio em um ambiente social que em um profissional. Bill nunca falou conosco sobre comunidades; ele falava de equipes. Mas nós aprendemos observando suas atividades comunitárias. Invista na criação de laços reais e emocionais entre as pessoas; é isso que dura e que torna as equipes realmente fortes.

CONSTRUA COMUNIDADES SEMPRE

CONSTRUA COMUNIDADES DENTRO E FORA DO TRABALHO. UM LUGAR É MUITO MAIS FORTE QUANDO AS PESSOAS ESTÃO CONECTADAS.

Ajude as pessoas

Susan Wojcicki foi uma das primeiras funcionárias do Google, e conversava com Bill com frequência. Há alguns anos, Susan, que na época já era diretora do YouTube, queria participar de uma importante conferência de tecnologia e mídia. Apesar do status do YouTube como um dos maiores destinos de vídeos para consumidores do mundo todo e um *player* importante no mundo da mídia e do entretenimento, Susan não conseguiu um convite. Ela apelou para sua lista considerável de contatos, mas sem sucesso. Em sua reunião individual com Bill, ela falou sobre isso. Ele respondeu com uma explosão de palavrões. "Isso me deixa furioso!", disse. "Claro que você deveria estar lá!" Eles terminaram a reunião logo depois, e, um dia mais tarde, apareceu um convite para a conferência na caixa de entrada dela.

Bill fez um favor a Susan. Ele fez algumas ligações e conseguiu o convite para ela. Isso é uma coisa muito simples, mas surpreendentemente incomum nas empresas. Nós tivemos algumas situações, ao longo dos anos, em que pedimos favores a colegas. Não grandes favores, mas que exigiriam contornar regras menores ou ignorá-las. Ninguém sairia ferido, e, de fato, se julgadas apenas pelo mérito, as coisas que pedimos eram absolutamente o certo a fazer. No entanto, recebemos recusas. "Desculpe, eu não posso fazer isso", era a resposta geral. "Então, é que temos um processo que..."

Bill teria dito: besteira! Ele acreditava em fazer favores aos outros. Era generoso, gostava de ajudar as pessoas, de modo que, quando podia ligar para um amigo para ajudar a CEO do YouTube a participar de um evento ao qual ela sem dúvida alguma pertencia, ele fazia isso sem hesitação. E não foram apenas colegas executivos que ele ajudou. Bill conhecia uma das funcionárias administrativas de Jonathan, uma jovem chamada Chadé; eles conversavam nas raras ocasiões em que Jonathan fazia Bill esperar do lado de fora de sua sala. Um dia, Bill perguntou a Chadé o que ela andava fazendo, e a moça comentou que estava pensando em estudar para o exame de admissão e que queria fazer faculdade de direito. Chadé estava preocupada com o que Jonathan pensaria quando ela possivelmente tivesse que sair, sem conseguir decidir quando se inscrever e o que e quando contar a seu chefe.

Quando Bill viu Jonathan, depois de falar com Chadé, contou-lhe sobre sua conversa. Jonathan admitiu que não sabia que a moça estava de olho em algumas das melhores faculdades. "Você precisa conhecer melhor sua equipe!", disse Bill. "Vá lá e diga a Chadé que você sobreviverá quando ela for para a faculdade. E como você é chefe dela, reserve um tempo e escreva uma recomendação para ela. É sua obrigação."

No ano seguinte, Chadé se matriculou na Columbia Law School. Formou-se alguns anos depois e agora é advogada em Boston.

Bill gostava de ajudar as pessoas e era incrivelmente generoso. Ninguém conseguia pagar um jantar ou uma bebida quando ele estava perto. Uma vez, quando estava com um grupo de amigos no Cabo passando as férias, Bill levou todas as crianças para jantar; todas ganharam a camiseta do bar. Ele comprava caixas de um vinho tinto muito bom para servir em sua festa de Natal, não porque gostasse de vinho, mas porque gostava de ver seus amigos curtirem o vinho. Talvez você pense: *Ora, é fácil para um sujeito rico comprar camisetas e vinho para todos*. E você tem razão. Mas Bill era assim muito antes de ser rico. Ele tinha um espírito generoso, como qualquer um poderia ter. Por exemplo, ele era um homem muito ocupado, mas era generoso com seu tempo. Às vezes você levava alguns meses para conseguir um horário em sua agenda, mas, se de fato precisasse dele, receberia um telefonema imediatamente.

Na maioria das vezes, esses pequenos presentes eram o que Adam Grant – atribuindo o termo ao empresário Adam Rifkin em seu livro *Dar e receber* – chama de "favores de cinco minutos". São fáceis de fazer, demandam um custo pessoal mínimo, mas significam muito para quem os recebe.[7] Grant também observa, em um artigo de 2017 escrito com Reb Rebele, que "ser um doador efetivo não significa abandonar tudo o tempo todo por todo mundo. Trata-se de assegurar que os benefícios de ajudar os outros superem os custos para você". As pessoas que fazem isso bem são "doadoras autoprotetoras". São "generosas, mas conhecem seus limites. Em vez de dizer sim a todos os pedidos de ajuda, elas buscam maneiras de doar que sejam de alto impacto e baixo custo, para que possam sustentar sua generosidade – e curti-la".[8]

Ajudar as pessoas e ser generoso têm tudo a ver com os conceitos de amor e comunidade que abordamos neste capítulo. Se sua melhor amiga lhe pede um favor, você o faz, certo? Você ama sua amiga, confia em seu julgamento (em geral), faria qualquer coisa por ela; então, quando ela lhe pede que faça algo que a ajude, e que é o certo a fazer, não há hesitação. Mas, se ela for sua colega de trabalho, de repente não é tão fácil. Você usa aquelas frases que ouvimos: é que temos um processo a seguir, alguém pode achar que não é justo etc. E então, você não faz o favor.

Nós aprendemos com Bill que é legal ajudar as pessoas. Faça favores. Use o bom senso para se assegurar de que é a coisa certa a fazer e que será melhor para todos. E então, faça o favor.

AJUDE AS PESSOAS
SEJA GENEROSO COM SEU TEMPO,
CONEXÕES E OUTROS RECURSOS.

Ame os fundadores

Um dos resultados da tentativa frustrada da Microsoft de comprar a Intuit foi que Bill conheceu uma mulher que na época era a gerente de produto do Microsoft Money, que competia com a Intuit. O acordo não deu certo, mas ela e Bill mantiveram contato. Mais tarde, ela saiu da Microsoft e foi para uma startup de Seattle chamada Amazon, e logo depois ligou para Bill e pediu que ele lhe apresentasse John Doerr. Bill fez as apresentações, e Kleiner Perkins acabou investindo na Amazon.

Alguns anos depois, em 2000, Jeff Bezos, fundador e CEO da Amazon, tirou uma folga para passar um tempo com sua família. Ele havia contratado um COO, Joe Galli, mas, quando voltou, a empresa estava mal. O conselho, que incluía Doerr e Scott Cook, se perguntava se não seria melhor afastar Jeff do cargo de CEO e promover Joe a esse posto. Jeff continuaria como presidente, e talvez tivesse alguma outra função. Isso havia dado certo na Intuit quando Bill substituíra Scott como CEO. Mas John e os outros não tinham certeza. Pediram a Bill que passasse algum tempo em Seattle e depois se reportasse a eles.

Bill passou a ir ao noroeste do Pacífico, aos escritórios da Amazon, alguns dias por semana, participando de reuniões administrativas e observando as operações e a cultura da empresa. Depois de algumas semanas, informou ao conselho que Jeff Bezos precisava continuar sendo CEO. Em seu livro sobre a Amazon, *A loja de tudo*, Brad Stone escreve que "Campbell concluiu que Galli estava demasiadamente focado em questões de remuneração e vantagens, como aviões particulares, e que os funcionários eram leais a Bezos".[9]

A recomendação de Bill foi uma surpresa para alguns membros do conselho, mas sua avaliação salvou o dia e Jeff permaneceu como CEO – obviamente, com grande sucesso.

Falamos até agora neste capítulo sobre o amor que Bill tinha pelas pessoas, e sobre como é importante que os líderes se importem com sua equipe além das normas restritivas do típico ambiente corporativo. Mas havia outro tipo de amor que Bill prezava: o amor aos fundadores. Ele reservava um lugar muito especial em seu coração para aqueles que têm a coragem e as habilidades para fundar empresas. São pessoas sensatas o suficiente para saber que cada dia é uma luta pela sobrevivência contra probabilidades assustadoras, e loucas o bastante para acreditar que podem ter sucesso mesmo assim. E mantê-las de uma maneira significativa é essencial para o sucesso de qualquer empresa.

Frequentemente pensamos na administração de uma empresa como um trabalho operacional, e, como já examinamos, Bill considerava a excelência operacional muito importante. Mas, quando reduzimos a liderança da empresa a sua essência operacional, negamos outro componente muito importante: a visão. Muitas vezes, pessoas operativas entram e, embora possam administrar melhor a companhia, perdem o coração e a alma da empresa, a visão que a levará adiante. É aí que os fundadores se destacam. Bill amava os fundadores, não apenas pela ousadia que possuem de empreender, mas pela visão que têm para a instituição e pelo amor que têm por ela. Ele entendia as limitações dos fundadores, mas, em geral, sentia que seu valor superava as deficiências.

Bill viu esse cenário algumas vezes. Talvez o exemplo mais espetacular tenha sido o da Apple. Ele estava lá quando o novo "homem de negócios", John Sculley, assumiu o cargo de CEO, e observou quando Sculley acabou expulsando o cofundador Steve Jobs. Muitos anos depois, quando Steve retornou à Apple, pediu a Bill que fizesse parte do conselho para ajudá-lo a fazer o que parecia impossível: salvar a empresa, que estava a poucos meses da falência. Steve precisava mudar muita coisa, forçar a companhia a recuperar seu foco singular na criação de produtos excelentes. Ele tinha que agir rápido, de modo que precisava da ajuda de pessoas em quem confiava. Bill estava no topo da lista. Quando os dois começaram a trabalhar juntos, tornaram-se não apenas confidentes, mas também amigos íntimos. Eles saíam para longas caminhadas quase todo fim de semana, conversando sobre problemas da Apple, mas também sobre outras coisas. Bill entendia os fundadores, e entendia por que Steve era tão excepcional. Ele apoiou Steve e teve o cuidado de protegê-lo das muitas pessoas que o procuravam querendo alguma coisa.

Como Phil Schiller recorda: "Eles eram como amigos que se reencontraram na reunião da faculdade tentando fazer mais uma coisa juntos. Steve precisava da ajuda e da força de Bill para apoiar seu plano. Às vezes, ele só precisava de um braço ao redor dos ombros".

Bill foi o homem de negócios levado para a GO, onde o fundador, Jerry Kaplan, permaneceu como uma presença muito importante para a vida da empresa. Depois, foi o homem de negócios que entrou na Intuit como CEO para substituir Scott Cook. De novo, Scott permaneceu – até hoje – como uma presença muito importante. E Bill ajudou talvez o maior e mais desafiador grupo de fundadores e um CEO dando coaching a Eric, Larry e Sergey no Google.

Seu princípio sempre foi: ame os fundadores e garanta que eles permaneçam engajados de uma maneira significativa, independentemente de seu papel operacional.

Quando Dick Costolo assumiu o cargo de CEO do Twitter, Bill o aconselhou a trabalhar bem com os fundadores da empresa, Biz Stone, Jack Dorsey e Evan Williams. "Hoje você é o CEO e eles são os fundadores", disse Bill, "mas, um dia, você será o ex-CEO e eles ainda serão os fundadores. Não é você contra eles; é você e eles. Você está aqui para ajudá-los."

Muitos líderes empresariais fora do mundo de startups nunca precisam lidar com a questão do fundador, uma vez que este pode ter ido embora há muito tempo. No entanto, o argumento essencial a favor dos fundadores permanece: a visão é um papel importante. Coração e alma são importantes. Muitas vezes, isso está incorporado no fundador, mas muitas outras pessoas também podem incorporar o que a empresa representa, sua missão e seu espírito. Elas não aparecem em um balanço, no relatório de resultado ou no organograma, mas são muito valiosas.

AME OS FUNDADORES
MANTENHA UMA REVERÊNCIA ESPECIAL
PELAS PESSOAS COM MAIOR VISÃO E PAIXÃO
PELA COMPANHIA, E PROTEJA-AS.

Papo de elevador

Muitas das coisas que discutimos neste capítulo – de fato, neste livro – parecem depender bastante da personalidade da pessoa. Bill talvez tenha sido a pessoa que mais gostava de gente que já conhecemos. Então, como alguém que não tem essa tendência natural a amar os outros faz isso? Treino.

Bruce Chizen trabalhou com Bill na Claris e mais tarde se tornou CEO da Adobe Systems. Quando entrou na Adobe, em 1994, Bruce se lembrou do que havia visto Bill fazer na Claris e tentou fazer igual. Mas não era tão natural para ele. "Eu tentava lembrar o nome das pessoas", lembra Bruce. "Quando encontrava alguém no elevador, puxava papo, 'Como vão as coisas, no que você está trabalhando?'. E fazia um esforço para almoçar no refeitório com gente nova. Eu me colocava em situações que não eram tão naturais para mim, mas isso fez a diferença."

Bruce atribui seu sucesso na Adobe, em parte, a esses aspectos mais sociais de seu trabalho lá. Antes de ascender ao cargo de CEO, os fundadores da empresa pediram a ele que cuidasse dos produtos, algo bastante incomum para alguém com experiência em vendas e marketing. O argumento deles foi que os líderes da engenharia haviam desenvolvido muito respeito por ele, devido a sua disposição de conversar com eles e seus desenvolvedores.

Os princípios que descrevemos neste livro talvez não pareçam naturais, mas podem ser aprendidos. O segredo é se esforçar para isso. Quando você estiver no elevador, passar por alguém no corredor ou vir um grupo de sua equipe no refeitório, pare um pouco e converse. A técnica de Bruce é tão boa quanto qualquer outra: "Como vão as coisas? No que você está trabalhando?". Com o tempo, isso se torna natural. "Tentar desenvolver essa conexão pessoal não foi fácil para mim, mas eu me esforcei", diz Bruce. "Por sorte, com o tempo vai ficando mais fácil."

PAPO DE ELEVADOR
AMAR OS COLEGAS NO LOCAL DE TRABALHO PODE SER DESAFIADOR, PORTANTO, TREINE ATÉ QUE ISSO SE TORNE MAIS NATURAL.

Uma de nossas grandes surpresas ao trabalhar neste livro foi a frequência com que a palavra amor surgia quando as pessoas falavam sobre Bill. Essa não é uma palavra típica quando se fala com executivos de tecnologia, investidores de risco e afins. Mas Bill sabia levar o amor ao local de trabalho. Ele criou uma cultura que os estudiosos chamam de amor "companheiro": sentimentos de afeição, compaixão, carinho e ternura pelos outros. Ele fazia isso importando-se genuinamente com as pessoas e com a vida delas fora do trabalho, sendo um torcedor entusiasta, construindo comunidades, fazendo favores e ajudando as pessoas sempre que podia, e mantendo um lugar especial em seu coração para fundadores e empreendedores.

O amor é uma das coisas que fazem grandes equipes. De fato, essa era uma parte natural da personalidade de Bill – ele era muito mais fervoroso que a maioria de nós! –, mas também foi algo que provavelmente aprendeu no futebol americano.

Steve Young, um *quarterback* do San Francisco 49ers que faz parte do Hall da Fama, falou do amor de equipe em uma conferência em homenagem a Bill em setembro de 2017. "Grandes treinadores vão além", disse Steve. "[O técnico do 49ers, Bill Walsh] reunia a equipe todos os anos e dizia: 'Ei, pessoal, vamos integrar esse time'. Havia um monte de panelinhas – seguranças, gente de outras escolas, de contextos socioeconômicos, geografia, língua, religião diferentes... Ele dizia: 'Vou acabar com todas elas'."

"Ele queria que nós nos integrássemos para momentos como aqueles em que você estivesse no Lambeau Field, depois de perder a posse da bola na quarta descida, com um minuto e meio faltando para acabar o jogo e o time perdendo, debaixo de granizo, encharcado, com o vento soprando, 80 mil pessoas gritando com você e a natureza humana dizendo: 'Me tira daqui, eu só quero pegar o ônibus e acabar logo com isso.'. Mas então você está reunido com o grupo para combinar a próxima jogada, e esse é o momento. Todos se olham e é tipo, estamos integrados, temos uma razão para estar aqui, temos profundidade, temos amor um pelo outro, respeito [...]. Por que os 49ers foram tão bem de 1981 a 1998? Porque nós nos amávamos."*

---

* Os 49ers chegaram às eliminatórias 16 vezes nessas 18 temporadas. Lambeau Field é o estádio do Green Bay Packers, um rival frequente do 49ers.

CAPÍTULO 6

O critério

Eric decidiu renunciar ao cargo de presidente-executivo da Alphabet em dezembro de 2017, exatamente na época em que estávamos concluindo a primeira versão deste livro. O momento foi perfeito. A empresa havia conseguido atravessar uma difícil transição, passando de apenas Google para Alphabet, uma holding que supervisiona o Google, bem como um punhado de "outras apostas", como a Verily (ciências da vida) e a Waymo (transportes). Uma nova geração de líderes, incluindo o CEO Sundar Pichai, assumira o comando do Google e a empresa estava prosperando. A transição para um mundo de dispositivos prioritariamente móveis – e, em muitos lugares, somente móveis – havia sido bem-sucedida, e a companhia tinha uma fonte de suprimento de produtos e serviços inovadores, impulsionada por avanços empolgantes nas tecnologias de aprendizagem de máquinas.

Eric estava no Google havia quase dezessete anos. Tornara-se presidente do conselho em março de 2001. Em seguida, assumira o cargo de CEO em agosto do mesmo ano e passara de CEO a presidente-executivo em abril de 2011. Então, seu compromisso de tempo integral com a empresa estava chegando ao fim. Por todos os ângulos ele seria considerado uma pessoa bem-sucedida, realizada. No entanto – como descobriu –, assim como qualquer um que enfrenta um desafio ou uma mudança, ele precisava de apoio emocional.

Quando Eric se tornou CEO do Google e quando passou a presidente-executivo, Bill Campbell esteve ao seu lado para facilitar as transições. Bill conversava com as pessoas envolvidas e se certificava de que o lado humano e emocional das coisas estivesse sendo levado em conta. Quando o conselho pediu a Eric que renunciasse ao cargo de presidente antes da IPO, Bill estava lá para convencê-lo. Consequentemente, quando essas mudanças foram feitas, não foram apenas transações – acabaram parecendo mesmo a *coisa certa*. Mas, dessa vez, em 2017, não havia Bill. Todo o processo parecia diferente. Havia um acordo geral sobre os próximos passos, mas não havia ninguém ali para orientar Eric durante o processo. A equipe chegou ao melhor resultado para todos, mas o processo foi mais profissional, sem o amor e a motivação que Bill teria acrescentado.

Mentoria e coaching são intensamente pessoais. Eric sabia *o que* Bill lhe teria dito e o que fazer, mas sentiu muita falta de *ouvi-lo* dizer essas coisas.

Isso tudo pode parecer meio bobo para alguém de fora; afinal de contas, foi uma mudança ocorrida entre executivos poderosos e bem-sucedidos, operando com títulos elevados – CEO, presidente-executivo – que a vasta maioria das pessoas nunca deterá. Com o que Eric, ou qualquer outro nesse reino rarefeito, teria que se preocupar? Por que um Eric Schmidt precisaria de *apoio emocional*?

Na verdade, muitas vezes aqueles cuja performance é mais alta se sentem mais sozinhas. Elas costumam ter relacionamentos mais interdependentes, mas se sentem mais independentes e separadas dos outros.*[1] Seus poderosos egos e sua confiança ajudam a impulsionar seu sucesso, mas isso tudo pode ser combinado com inseguranças e

* Um artigo de 2001 de Fiona Lee e Larissa Z. Tiedens examina como esses fatores de interdependência e independência se reforçam mutuamente e destaca que "o poder cria um senso subjetivo de separação e distinção dos outros".

incertezas. Costumam conhecer pessoas que querem ser suas amigas por interesse em ganhos pessoais, não por amizade. Elas são humanas. Também precisam de estímulo, e precisam saber que são valorizadas. E quando um humano está se afastando de um lugar que faz parte de seu coração e alma há dezessete anos, um lugar que ele ajudou a nutrir e a transformar em algo espetacular, um lugar que ele ama, talvez precise de um tapinha nas costas, de um grande abraço e da garantia de que tudo vai dar certo, de que há um futuro muito empolgante lá fora. Coisa que Bill não estava lá para dar.

Quando começamos o processo de escrita deste livro, nós sabíamos tudo sobre nossas próprias experiências com Bill; sabíamos como era importante para ele o sucesso do Google e que ele havia trabalhado com muitas outras pessoas em todo o Vale do Silício. Por meio de entrevistas com aqueles que conheceram Bill e receberam seu coaching, e pelas pesquisas sobre alguns dos seus princípios, aprendemos muito mais. E emergiu um modelo mais detalhado e complexo de sua abordagem da gestão, e desenvolvemos uma tese sobre a importância de seus princípios para o sucesso nos negócios.

Para ter sucesso, as empresas precisam ter equipes que trabalhem juntas como comunidades, nas quais os membros integrem seus interesses e deixem de lado as diferenças para serem individual e coletivamente obcecados por aquilo que é bom e correto para a empresa. Como isso não acontece de maneira natural entre grupos de pessoas, especialmente pessoas ambiciosas e de alta performance, precisamos de alguém que faça o papel de coach, de *coach de equipe*, para que aconteça. Qualquer empresa que queira ser bem-sucedida em um momento em que a tecnologia já inundou todos os setores e a maioria dos aspectos da vida do consumidor, no qual a velocidade e a inovação são fundamentais, deve ter o coaching de equipe como parte de sua cultura. E isso é especialmente verdadeiro nos níveis mais altos; as equipes executivas devem ter um coach para ter o melhor desempenho.

Tivemos a sorte de ter um Bill Campbell atuando como nosso coach, mas a maioria das equipes não tem. E está tudo bem. Porque a melhor pessoa para ser o coach de uma equipe é seu gestor. Ser um bom coach é essencial para ser um bom gestor e líder. O coaching não é mais uma especialidade; não dá para ser um bom gestor sem ser um bom coach. O caminho para o sucesso em um mundo de negócios impulsionado pela tecnologia, altamente dinâmico e sempre em movimento é formar equipes de alta performance e dar a elas os recursos e a liberdade para fazer grandes coisas. E um componente essencial dessas equipes é um líder que é tanto um gestor experiente quanto um coach amoroso.

Neste livro, falamos sobre como Bill assumiu seu papel de coach de equipes. Ele insistia na excelência em gestão e enfatizava a importância de práticas simples que resultam em um empreendimento forte. Acreditava que os gestores que colocam sua equipe em primeiro lugar e realizam empreendimentos fortes são considerados líderes por seus funcionários; esses gestores não assumem a liderança, eles a conquistam. Tinha uma abordagem ponderada e consistente das comunicações. Valorizava a determinação; gestores fortes reconhecem quando acaba o tempo para debates e tomam uma decisão. Valorizava "gênios aberrantes", aqueles realizadores fortes cujo comportamento pode se desviar da norma, mas também defendia virar a página depressa se sua conduta colocasse em risco a equipe. Acreditava que ótimos produtos e as equipes que os criam estão no cerne de uma grande empresa; todo o resto deve estar a serviço desse núcleo. Sabia que às vezes os gestores precisam deixar as pessoas irem, mas também devem permitir que saiam com a dignidade intacta.

Ele entendia que os relacionamentos se baseiam na confiança, de modo que priorizava a construção de confiança e lealdade entre aqueles com quem trabalhava. Ouvia por completo, era implacavelmente sincero e acreditava em sua gente mais que ela mesma. Achava que a equipe era primordial, insistia na conduta de colocá-la em primeiro lugar e, quando se deparava com qualquer dificuldade, seu primeiro passo era focar a equipe, não o problema. Procurava os maiores problemas, os elefantes na sala, e os colocava à frente e no centro, assegurando-se de que fossem vistos primeiro. Trabalhava nos bastidores, em conversas de corredor, telefonemas e reuniões individuais, para preencher lacunas de comunicação. Fazia com que líderes liderassem em especial quando as coisas estavam ruins. Acreditava na diversidade e em ser completamente autêntico no local de trabalho.

Ele amava as pessoas. Levava esse amor para as comunidades que criava ou para aquelas das que passava a fazer parte. Ele mostrou que é legal levar o amor ao local de trabalho.

Bem, nós entrevistamos várias pessoas, levantamos uma tese, enumeramos os princípios de Bill e os sustentamos com citações e histórias. Mas, na verdade, não *sentimos* nada disso até que um de nós, Eric, teve que enfrentar uma grande transição e seu coach não estava ali para ajudá-lo.

Jonathan estava passeando com seu cachorro, Bo, e sua esposa, Beryl, em uma tarde de dezembro de 2017. Ele havia recebido o e-mail de Eric naquela manhã informando que estava deixando o cargo. A notícia era desconcertante para Jonathan, mas ele podia perceber que a incerteza de Eric era ainda maior. Comentou isso com Beryl. "Você precisa ajudá-lo", disse ela. Bo balançou o rabo, concordando.

Isso fez Jonathan se perguntar: *Se Bill estivesse aqui, o que ele faria?*

A resposta foi que Bill teria ajudado Eric a descobrir os melhores próximos passos para si. Ele não teria dito a Eric o que fazer, mas o teria ajudado a elaborar seu próprio plano. Ele teria lhe dado um abraço e um tapinha nas costas e o feito recordar o excelente trabalho que havia feito no Google nos últimos dezessete anos. Teria reunido uma pequena comunidade para cercar Eric com as coisas de que ele mais gosta – grandes ideias, novo ímpeto, ciência fascinante, tecnologia avançada. E teria feito isso com amor e incentivo.

Então, foi isso que Jonathan começou a fazer. Falou com Eric e com Jared Cohen, que dirige a subsidiária Alphabet's Jigsaw e é amigo íntimo de Eric. Chamou Alan Eagle, e começaram a juntar ideias e montar um plano para um projeto que acabaram chamando de "Eric 3.0". Mas, principalmente, ele se importou e reuniu outros que se importavam para ajudar. Porque, durante a jornada de escrever este livro, nós três percebemos uma verdade essencial sobre o coaching de equipe e a maneira como Bill o fazia.

Bill compreendia que existem coisas que, como pessoas, são importantes para nós – amor, família, dinheiro, atenção, poder, significado, propósito – e que são fatores que fazem parte de qualquer situação profissional. Para criar equipes eficazes, você precisa entender e dar atenção a esses valores humanos. Eles são parte de quem somos, independentemente de idade, nível ou status. Bill conhecia as pessoas como pessoas e, assim, podia motivá-las a se comportar como profissionais. Ele entendia que valores humanos positivos geram resultados positivos nos negócios. Essa é uma conexão que muitos líderes empresariais ignoram. É por isso que achamos que é tão importante que todos aprendamos a fazer isso agora. Não parece algo lógico no mundo profissional, mas é essencial para o sucesso.

Nossa pequena equipe gradualmente desenvolveu um plano para a próxima etapa na carreira de Eric. Que haja um plano é importante; que haja uma equipe é primordial.

A DECISÃO DO E AGORA?

John Donahoe enfrentou uma situação semelhante à de Eric quando renunciou ao cargo de CEO do eBay em 2015. Empresário de sucesso, com mais de 50 anos, filhos crescidos... E agora? John abordou essa questão conversando com dezenas de pessoas mais velhas que ele, mas com muita vitalidade, e lhes perguntando como haviam lidado com transições semelhantes e como

continuavam engajadas em suas carreiras
mais recentes. As respostas foram:

SEJA CRIATIVO.
Seus anos após os 50 devem ser seu momento mais criativo. Você tem a sabedoria dada pela experiência e a liberdade para aplicá-la onde quiser. Evite metáforas como "os 50 são os novos 40". Isso deprecia o impacto que você pode causar.

NÃO SEJA UM DILETANTE.
Não faça só um portfólio de coisas. Seja o que for aquilo em que se envolva, tenha responsabilidade e seja consequente. Siga em frente com isso.

ENCONTRE PESSOAS QUE TENHAM VITALIDADE.
Cerque-se delas; envolva-se com elas. Muitas vezes elas serão mais jovens que você.

APLIQUE SEUS DONS.
Descubra em que você é excepcionalmente bom, o que o diferencia. E entenda as coisas que há dentro de você que lhe dão um senso de propósito. E, a seguir, aplique-as.

NÃO PERCA TEMPO SE PREOCUPANDO COM O FUTURO.
Permita que o acaso desempenhe um papel. A maioria dos momentos decisivos da vida não pode ser prevista ou controlada.

Bill, em geral, não recebia por seu trabalho de coach. Quando ele apareceu pela primeira vez no escritório de Dan Rosensweig, disse: "Eu não aceito dinheiro, nem ações, nem merda nenhuma". Ele recusou repetidamente ofertas de pagamento por seu trabalho no Google, e, quando por fim aceitou algumas ações, doou-as para a caridade. Isso não é normal; a maioria dos consultores empresariais recebe em ações ou em dinheiro. Mas Bill achava que já havia recebido durante toda a sua carreira, e agora queria retribuir. Como disse a Ron Johnson, CEO da Enjoy, depois que este se demitiu do cargo de CEO na JCPenney em 2013: "Se você foi abençoado, seja uma bênção". Bill foi uma bênção.

Quando lhe perguntavam sobre seu hábito de evitar ser remunerado, Bill dizia que tinha um jeito diferente de medir seu impacto, seu próprio critério. "Eu olho para toda essa gente que trabalhou para mim ou que eu ajudei de alguma forma", dizia, "e vejo como são grandes líderes agora. É assim que eu meço o sucesso."

Entrevistamos mais de 80 grandes líderes no processo deste livro, e todos creditam a Bill um papel importante em seu sucesso. E há ainda mais com quem não conversamos. O critério de Bill está parecendo muito bom.

Esperamos que, ao ler este livro, você tenha aprendido alguns princípios sobre como ser um gestor e coach melhor; que esteja pensando em como fazer com que sua equipe seja ótima e em como pode impulsionar a si mesmo a ser grande, além de seus limites autoimpostos. Esperamos que você se torne outro líder pelo critério de Bill. Porque o mundo enfrenta muitos desafios, que só podem ser resolvidos por equipes. E essas equipes precisam de coaches.

Agradecimentos

Ao escrever estas páginas, foi-nos confiado um importante legado, e, por isso, devemos em primeiro lugar agradecer à viúva de Bill, Eileen Bocci, e a seus filhos, Jim Campbell e Maggie Campbell. Foi uma honra – e um prazer – receber esta imensa oportunidade.

Conversamos com mais de 80 pessoas, todas ocupadas e realizadas, cuja vida Bill tocou. Elas nos ofereceram seu tempo livremente, e cada uma concluiu nossa conversa com uma oferta de ajudar da maneira como pudesse na criação deste livro. Obrigado a todos vocês:

David Agus
Shellye Archambeau
Kristina Homer Armstrong
Clay Bavor
Chase Beeler
Deborah Biondolillo
Lee Black
Laszlo Bock
Lee C. BollingerTodd Bradley
Sergey Brin
Shona Brown
Eva Burton
Al Butts
Derek Butts
Bruce Chizen
Jared Cohen
Scott Cook
Dick Costolo
Eddy Cue
John Doerr

John Donahoe
Mickey Drexler
David Drummond
Donna Dubinsky
Joe Ducar
Brad Ehikian
Alan Eustace
Bruno Fortozo
Pat Gallagher
Dean Gilbert
Alan Gleicher
Al Gore
Diane Greene
Bill Gurley
John Hennessy
Ben Horowitz
Bradley Horowitz
Mark Human
Chad Hurley
Jim Husson
Bob Iger
Eric Johnson
Andrea Jung
Salar Kamangar
Vinod Khosla
Dave Kinser
Omid Kordestani
Scotty Kramer
Adam Lashinsky
Ronnie Lott
Marissa Mayer
Marc Mazur
Mike McCue
Mary Meeker
Shishir Mehrotra
Emil Michael
Michael Moe
Larry Page
Sundar Pichai
Patrick Pichette
Peter Pilling
Ruth Porat
Jeff Reynolds
Jesse Rogers
Dan Rosensweig
Wayne Rosing
Jim Rudgers
Sheryl Sandberg
Philip Schiller
Philipp Schindler
Chadé Severin
Danny Shader
Ram Shriram
Brad Smith
Esta Stecher
Dr. Ron Sugar
Stacy Sullivan
Nirav Tolia
Rachel Whetstone
Susan Wojcicki

Como qualquer projeto importante, esse foi um esforço de equipe, e a nossa foi fantástica. Lauren LeBeouf nos manteve organizados e administrou todas essas entrevistas, mas o mais importante é que demonstrou ser uma editora inteligente e sensível. Ela fez este livro se tornar muito melhor.

Marina Krakovsky nos ajudou a conectar os princípios de Bill às pesquisas acadêmicas, mostrando que ele estava realmente à frente de seu tempo no mundo da gestão empresarial. Ela é sempre criativa e perspicaz, e uma grande editora. Foi um grande prazer trabalhar com você de novo, Marina!

Jim Levine é nosso agente, torcedor e coach constante, que nos guiou até chegarmos ao melhor título depois de muita discussão. Hollis Heimbouch nos empurrou na direção certa, editou o texto com elegância e gentilmente ajudou estes tecnólogos da costa oeste, às vezes sem noção, a entender o mundo editorial. Obrigado a ambos por seu apoio e ajuda incansável!

Melissa Carson Thomas mantém nossos fatos na linha. Ela tem um olho incrível para detalhes, um jeito e uma paixão para chegar à verdade. Obrigado, Melissa.

Marc Ellenbogen, Corey duBrowa, Winnie King e Tom Oliveri são colegas e amigos do Google que nos ajudaram a navegar pelas coisas jurídicas e de relações públicas de grandes empresas, mantendo intactos o coração e a alma de nosso relato.

Karen May supervisiona o treinamento de liderança no Google e trabalhou em estreita colaboração com Bill para auxiliá-lo a ensinar seus princípios aos Googlers. Ela nos ajudou a fazer este projeto decolar e fez vários acréscimos perspicazes ao manuscrito.

Guy Kawasaki é autor de mais de uma dúzia de livros de sucesso. Ele dedicou tempo a ler o nosso e nos deu um feedback muito pontual e preciso! ("Vocês realmente acham que isto está quase pronto?")

Adam Grant não apenas aceitou o pedido de escrever nosso prefácio, como também providenciou muitas referências acadêmicas interessantes, entreteve-nos com um longo e-mail relativo a equipes esportivas e forneceu uma fantástica citação de Charles Darwin.

Jennifer Aaker nos deu muito feedback sobre a narrativa e a história, que ela leciona na Faculdade de Administração de Stanford, mas não conseguiu deixar nosso livro tão engraçado quanto os registros de viagem de sua família.

Emmett Kim, Cindy Mai e Andy Berndt nos apresentaram alguns conceitos de design de capa, e, depois, Rodrigo Corral e Anna Kassoway nos guiaram pelo resto do caminho, levando um processo às vezes confuso (e contencioso) a uma bela conclusão. Obrigado a todos por sua paciência e sua criatividade insana.

Miles Johnson conseguiu aplicar seu sucesso como estrategista da marca Google em um trabalho decididamente menos glamoroso, supervisionando a criação de nosso site. Ficou lindo, Miles!

Mindy Matthews é uma excelente revisora, guardiã de tempos verbais, assassina de vírgulas, estranhas. As únicas frases deste livro que ela não revisou com um olho exigente para detalhes são estas duas.

Josh Rosenberg fez as mais detalhadas correções provindas de alguém que não tem a palavra *editor* na descrição de seu cargo. Embora ele ainda esteja revoltado, deixamos os Warriors fora da lista das maiores dinastias esportivas de todos os tempos. Hannah Rosenberg e Beryl Grace criticaram o trabalho a cada passo e ajudaram Jonathan a se lembrar de Bill, perguntando o tempo todo à mesa de jantar: "O que Bill faria?".

Joanne Eagle algumas vezes foi professora de inglês substituta de Alan e Jonathan no ensino médio, e, aparentemente, ainda acha que precisa corrigir nossos trabalhos. Obrigado, mãe!

Mark Fallon é nossa conexão em Homestead. Deu-nos informações valiosas sobre a cidade natal de Bill e um retrato incrível dele, que está no escritório de Jonathan. O quadro está literalmente coberto de areia da quadra de vôlei do Google.

Debbie Brookfield é a assistente de longa data de Bill que sempre nos recebia de forma calorosa quando íamos ao escritório dele. Ela era a cola que mantinha a vida profissional de Bill unida.

Ken Auletta conversou várias vezes com Bill a respeito de escrever um livro sobre ele e fez ótimos comentários acerca do manuscrito. Estamos honrados por sua ajuda.

Glenn Yeffeth, um grande amigo, é o bem-sucedido editor da BenBellaBooks e nos ajudou a aprender, com perspectiva privilegiada, sobre o setor editorial.

Josh e Jason Malkofsky-Berger se orgulham de ser fãs de carteirinha de Jonathan e decidem ler e criticar quase tudo que ele escreve.

Don Hutchison pede para ler tudo antes dos outros, de modo que ele pode ser o primeiro a produzir uma excelente e altamente qualificada resenha do livro. Corra, Don!

Prem Ramaswami, nosso antigo colaborador no Google, sempre nos dá uma grande contribuição e depois incorpora só os melhores aspectos em suas palestras de faculdade.

Susan Feigenbaum ensinou a Jonathan tudo que ele aprendeu de estatística na faculdade, mas também sempre lhe deu excelentes dicas sobre narrativa.

Matt Pyken – um verdadeiro escritor hollywoodiano! – sugeriu maneiras de acrescentar estilo e manter os olhos de nossos leitores grudados em cada página.

Jeff Huang dá aulas de filosofia com foco em questões éticas e morais. Ele nos encorajou a escrever um livro sobre Bill para que pudesse ensinar esses princípios em sala de aula.

James Isaacs, ex-chefe de Jonathan na Apple, é um eterno aprendiz e constantemente nos estimula a fazer melhor.

Dave Deeds, professor de empreendedorismo, ajudou-nos a orientar o manuscrito para que fosse acessível a todos os fundadores e líderes de pequenas empresas, que geram a maior parte do crescimento econômico.

Eric Braverman, Cassie Crockett e Dennis Woodside tiraram um tempo de sua agenda cheia para ler o manuscrito e nos dar sua opinião. E as "perguntas conceituais" de Eric e Cassie ainda nos fazem pensar.

Zach Gleicher é um gestor de produtos do Google que conhecemos por meio de Bill. Bill nos prometeu que Zach faria um ótimo trabalho no Google, e ele nunca quebrou uma promessa!

Notas

Capítulo 1: O *caddie* e o CEO

1. Arthur Daley, "Sports of the Times; Pride of the Lions", *The New York Times*, 22 nov. 1961.
2. "300 Attend Testimonial for Columbia's Eleven", *The New York Times*, 20 dez. 1961.
3. Imagem cedida por Columbia University Athletics.
4. Imagem cedida por Columbia University Athletics.
5. George Vecsey, "From Morningside Heights to Silicon Valley", *The New York Times*, 5 set. 2009.
6. Charles Butler, "The Coach of Silicon Valley", *Columbia College Today*, maio 2005.
7. P. Frost, J. E. Dutton, S. Maitlis, J. Lilius, J. Kanov e M. Worline, "Seeing Organizations Differently: Three Lenses on Compassion", em *The SAGE Handbook of Organization Studies,* 2ª ed., eds. S. Clegg, C. Hardy, T. Lawrence e W. Nord (Londres: Sage Publications, 2006), 843-66.
8. Butler, "The Coach of Silicon Valley".
9. Michael Hiltzik, "A Reminder That Apple's '1984' Ad Is the Only Great Super Bowl Commercial Ever—and It's Now 33 Years Old", *Los Angeles Times*, 31 jan. 2017.

10. Michael P. Leiter e Christina Maslach, "Areas of Worklife: A Structured Approach to Organizational Predictors of Job Burnout", *Research in Occupational Stress and Well Being* (jan. 2004), 3:91-134.
11. Para os efeitos negativos das disputas de poder, veja L. L. Greer, Lisanne Van Bunderen e Siyu Yu, "The Dysfunctions of Power in Teams: A Review and Emergent Conflict Perspective", *Research in Organizational Behavior* 37 (2017): 103-24. Sobre como conflitos de status fazem mal às equipes: Corinne Bendersky e Nicholas A. Hays, "Status Conflict in Groups", *Organization Science* 23, nº 2 (mar. 2012): 323-40.
12. D. S. Wilson, E. Ostrom e M. E. Cox, "Generalizing the Core Design Principles for the Efficacy of Groups", *Journal of Economic Behavior & Organization* 90, Suplemento (jun. 2013): S21-S32.
13. Nathanael J. Fast, Ethan R. Burris e Caroline A. Bartel, "Insecure Managers Don't Want Your Suggestions", *Harvard Business Review,* 24 nov. 2014.
14. Saul W. Brown e Anthony M. Grant, "From GROW to GROUP: Theoretical Issues and a Practical Model for Group Coaching in Organisations", *Coaching: An International Journal of Theory, Research and Practice* 3, nº 1 (2010): 30-45.
15. Steven Graham, John Wedman e Barbara Garvin-Kester, "Manager Coaching Skills: What Makes a Good Coach", *Performance Improvement Quarterly* 7, nº 2 (1994): 81-94.
16. Richard K. Ladyshewsky, "The Manager as Coach as a Driver of Organizational Development", *Leadership & Organization Development Journal* 31, nº 4 (2010): 292-306.

Capítulo 2: Seu título faz de você um gestor. Seu pessoal faz de você um líder

1. Fariborz Damanpour, "Organizational Innovation: A Meta-Analysis of Effects of Determinants and Moderators", *Academy of Management Journal* 34, nº 3 (set. 1991): 555-90; Brian Uzzi e Jarrett

Spiro, "Collaboration and Creativity: The Small World Problem", *American Journal of Sociology* 111, nº 2 (set. 2005): 447-504.

2. Nicholas Bloom, Erik Brynjolfsson, Lucia Foster, Ron S. Jarmin, Megha Patnaik, Itay Saporta-Eksten e John Van Reenen, "What Drives Differences in Management", Centre for Economic Performance Research discussion paper, nº DP11995 (abr. 2017).
3. Ethan Mollick, "People and Process, Suits and Innovators: The Role of Individuals in Firm Performance", *Strategic Management Journal* 33, nº 9 (jan. 2012): 1.001-15.
4. Linda A. Hill, "Becoming the Boss", *Harvard Business Review*, jan. 2007.
5. Mark Van Vugt, Sarah F. Jepson, Claire M. Hart e David De Cremer, "Autocratic Leadership in Social Dilemmas: A Threat to Group Stability", *Journal of Experimental Social Psychology* 40, nº 1 (jan. 2004), 1-13.
6. Nicholas Carlson, "The 10 Most Terrible Tyrants of Tech", Gawker. 12 ago. 2008, disponível em: http://gawker.com/5033422/the-10-most-terrible-tyrants-of-tech.
7. Jeffrey Pfeffer e John F. Veiga, "Putting People First for Organizational Success", *Academy of Management Executive* 13, nº 12 (maio 1999): 37-48.
8. Steven Postrel, "Islands of Shared Knowledge: Specialization and Mutual Understanding in Problem-Solving Teams", *Organization Science* 13, nº 3 (maio 2002): 303-20.
9. Jerry Kaplan, *Startup:* "A Silicon Valley Adventure" (Nova York: Houghton Mifflin Harcourt, 1994), 198.
10. Joseph A. Allen e Steven G. Rogelberg, "Manager-Led Group Meetings: A Context for Promoting Employee Engagement", *Group & Organization Management* 38, nº 5 (set. 2013): 543-69.
11. Jennifer L. Geimer, Desmond J. Leach, Justin A. DeSimone, Steven G. Rogelberg e Peter B. Warr, "Meetings at Work: Perceived Effectiveness and Recommended Improvements", *Journal of Business Research* 68, nº 9 (set. 2015): 2015-26.

12. Matthias R. Mehl, Simine Vazire, Shannon E. Hollenen e C. Shelby Clark, "Eavesdropping on Happiness: Well-being Is Related to Having Less Small Talk and More Substantive Conversations", *Psychological Science* 21, nº 4 (abr. 2010): 539-41.
13. Um olhar mais profundo sobre o fortalecimento das partes em conflito na mediação pode ser encontrado neste artigo: Robert A. Baruch Bush, "Efficiency and Protection, or Empowerment and Recognition?: The Mediator's Role and Ethical Standards in Mediation", *University of Florida Law Review* 41, nº 253 (1989).
14. Kristin J. Behfar, Randall S. Peterson, Elizabeth A. Mannix e William M. K. Trochim, "The Critical Role of Conflict Resolution in Teams: A Close Look at the Links Between Conflict Type, Conflict Management Strategies, and Team Outcomes", *Journal of Applied Psychology* 93, nº 1 (2008): 170-88.
15. James K. Esser, "Alive and Well After 25 Years: A Review of Groupthink Research", *Organizational Behavior and Human Decision Processes* 73, nº 2-3 (mar. 1998): 116-41.
16. Ming-Hong Tsai e Corinne Bendersky, "The Pursuit of Information Sharing: Expressing Task Conflicts as Debates vs. Disagreements Increases Perceived Receptivity to Dissenting Opinions in Groups", *Organization Science* 27, nº 1 (jan. 2016): 141-56.
17. Manfred F. R. Kets de Vries, "How to Manage a Narcissist", *Harvard Business Review*, 10 maio 2017.
18. Amy B. Brunell, William A. Gentry, W. Keith Campbell, Brian J. Hoffman, Karl W. Kuhnert e Kenneth G. DeMarree, "Leader Emergence: The Case of the Narcissistic Leader", *Personality and Social Psychology Bulletin* 34, nº 12 (out. 2008): 1.663-76.
19. Henry C. Lucas, *The Search for Survival:* "Lessons from Disruptive Technologies" (Nova York: ABC-CLIO, 2012), 16.
20. Thomas Wedell-Wedellsborg, "Are You Solving the Right Problems?", *Harvard Business Review*, jan.-fev. 2017.
21. Manuela Richter, Cornelius J. König, Marlene Geiger, Svenja Schieren, Jan Lothschütz e Yannik Zobel, "'Just a Little Respect':

Effects of a Layoff Agent's Actions on Employees' Reactions to a Dismissal Notification Meeting", *Journal of Business Ethics* (out. 2016): 1-21.

22. Ben Horowitz, *Hard Thing About Hard Things* (Nova York: Harper Business, 2014), 79.
23. Benjamin E. Hermalin e Michael S. Weisbach, "Board of Directors as an Endogenously Determined Institution: A Survey of the Economic Literature", *FRBNY Economic Policy Review* 9, nº 1 (abr. 2003): 7-26.
24. Jeffrey A. Sonnenfeld, "What Makes Great Boards Great", *Harvard Business Review*, set. 2002.

Capítulo 3: Construa um envoltório de confiança

1. Denise M. Rousseau, Sim B. Sitkin, Ronald S. Burt e Colin Camerer, "Not So Different After All: A Cross-Discipline View of Trust", *Academy of Management Review* 23, nº 3 (1998): 393-404.
2. Tony L. Simons e Randall S. Peterson, "Task Conflict and Relationship Conflict in Top Management Teams: The Pivotal Role of Intragroup Trust", *Journal of Applied Psychology* 85, nº 1 (fev. 2000): 102-11.
3. Alan M. Webber, "Red Auerbach on Management", *Harvard Business Review*, mar. 1987.
4. Amy Edmondson, "Psychological Safety and Learning Behavior in Work Teams", *Administrative Science Quarterly* 44, nº 2 (jun. 1999): 350-83.
5. Suzanne J. Peterson, Benjamin M. Galvin e Donald Lange, "CEO Servant Leadership: Exploring Executive Characteristics and Firm Performance", *Personnel Psychology* 65, nº 3 (ago. 2012): 565-96.
6. Carl Rogers e Richard E. Farson, *Active Listening* (Chicago: University of Chicago Industrial Relations Center, 1957).
7. Andy Serwer, "Gamechangers: Legendary Basketball Coach John Wooden and Starbucks' Howard Schultz Talk About a Common Interest: Leadership", *Fortune*, 11 ago. 2008.

8. Jack Zenger e Joseph Folkman, "What Great Listeners Actually Do", *Harvard Business Review*, 14 jul., 2016.
9. Kaplan, *Startup*, 199-200.
10. Mats Alvesson e Stefan Sveningsson, "Managers Doing Leadership: The Extra-Ordinarization of the Mundane", *Human Relations* 56, nº 12 (dez. 2003): 1.435-59.
11. Niels Van Quaquebeke and Will Felps, "Respectful Inquiry: A Motivational Account of Leading Through Asking Questions and Listening", *Academy of Management Review* 43, nº 1 (jul. 2016): 5-27.
12. Ron Carucci, "How to Use Radical Candor to Drive Great Results", *Forbes*, 14 mar. 2017.
13. Fred Walumbwa, Bruce Avolio, William Gardner, Tara Wernsing e Suzanne Peterson, "Authentic Leadership: Development and Validation of a Theory-Based Measure", *Journal of Management* 34, nº 1 (fev. 2008): 89-126.
14. Rachel Clapp-Smith, Gretchen Vogelgesang e James Avey, "Authentic Leadership and Positive Psychological Capital: The Mediating Role of Trust at the Group Level of Analysis", *Journal of Leadership and Organizational Studies* 15, nº 3 (fev. 2009): 227-40.
15. Erik de Haan, Vicki Culpin e Judy Curd, "Executive Coaching in Practice: What Determines Helpfulness for Clients of Coaching?", *Personnel Review* 40, nº 1 (2011): 24-44.
16. Y. Joel Wong, "The Psychology of Encouragement: Theory, Research e Applications", *Counseling Psychologist* 43, nº 2 (2015): 178-216.

Capítulo 4: A equipe em primeiro lugar

1. Charles Darwin, *Descent of Man, and Selection in Relation to Sex* (Londres: J. Murray, 1871), 166.
2. James W. Pennebaker, *The Secret Life of Pronouns:* "What Our Words Say About Us" (Nova York: Bloomsbury, 2011).
3. Carol S. Dweck, *Mindset: The New Psychology of Success* (Nova York: Random House, 2006), 7.

4. Daniel J. McAllister, "Affect- and Cognition-Based Trust as Foundations for Interpersonal Cooperation in Organizations", *Academy of Management Journal* 38, nº 1 (1995): 24-59.
5. U.S. Equal Employment Opportunity Commission, *Diversity in High Tech*, maio 2016; Elena Sigacheva, *Quantifying the Gender Gap in Technology*, Entelo, mar. 8, 2018, disponível em: blog.entelo.com.
6. Anita Williams Woolley, Christopher F. Chabris, Alex Pentland, Nada Hashmi e Thomas W. Malone, "Evidence for a Collective Intelligence Factor in the Performance of Human Groups", *Science* 330, nº 6.004 (out. 2010): 686-88.
7. Laura Sherbin e Ripa Rashid, "Diversity Doesn't Stick Without Inclusion", *Harvard Business Review*, 1º fev. 2017.
8. Uma boa análise dessas duas abordagens de enfrentamento com "estressores" pode ser encontrada aqui: Charles S. Carver, Michael F. Scheier e Jagdish Kumari Weintraub, "Assessing Coping Strategies: A Theoretically Based Approach", *Journal of Personality and Social Psychology* 56, nº 2 (fev. 1989): 267-83.
9. Alice M. Isen, Kimberly A. Daubman e Gary P. Nowicki, "Positive Affect Facilitates Creative Problem Solving", *Journal of Personality and Social Psychology* 52, nº 6 (jun. 1987): 1.122-31.
10. Kaplan, *Startup*, 254.
11. Walter F. Baile, Robert Buckman, Renato Lenzi, Gary Glober, Estela A. Beale e Andrzej P. Kudelka, "SPIKES—A Six-Step Protocol for Delivering Bad News: Application to the Patient with Cancer", *Oncologist* 5, nº 4 (ago. 2000): 302-11.
12. John Gerzema e Michael D'Antonio, *The Athena Doctrine: How Women (and the Men Who Think Like Them) Will Rule the Future* (São Francisco: Jossey-Bass, 2013).

Capítulo 5: O poder do amor

1. Nicolas O. Kervyn, Charles M. Judd e Vincent Y. Yzerbyt, "You Want to Appear Competent? Be Mean! You Want to Appear

Sociable? Be Lazy! Group Differentiation and the Compensation Effect", *Journal of Experimental Social Psychology* 45, nº 2 (fev. 2009): 363-67.

2. Kaplan, *Startup*, 42.
3. Sigal G. Barsade e Olivia A. O'Neill, "What's Love Got to Do with It? A Longitudinal Study of the Culture of Companionate Love and Employee and Client Outcomes in a Long-term Care Setting", *Administrative Science Quarterly* 59, nº 4 (nov. 2014): 551-98.
4. Suzanne Taylor, Kathy Schroeder e John Doerr, *Inside Intuit:* "How the Makers of Quicken Beat Microsoft and Revolutionized an Entire Industry" (Boston: Harvard Business Review Press, 2003), 231.
5. Jason M. Kanov, Sally Maitlis, Monica C. Worline, Jane E. Dutton, Peter J. Frost e Jacoba M. Lilius, "Compassion in Organizational Life", *American Behavioral Scientist* 47, nº 6 (fev. 2004): 808-27.
6. Este estudo de 1999 da Duke University explora em profundidade o conceito do capital social: Nan Lin, "Building a Network Theory of Social Capital", *Connections* 22, nº 1 (1999): 28-51.
7. Adam Grant, *Give and Take:* "Why Helping Others Drives Our Success" (Nova York: Penguin Books, 2013), 264-65.
8. Adam Grant e Reb Rebele, "Beat Generosity Burnout", *Harvard Business Review,* jan. 2017.
9. Brad Stone, *The Everything Store:* "Jeff Bezos and the Age of Amazon" (Nova York: Little Brown, 2013).

Capítulo 6: O critério

1. Fiona Lee e Larissa Z. Tiedens, "Is It Lonely at the Top? The Independence and Interdependence of Power Holders", *Research in Organizational Behavior* 23 (2001): 43-91.

Índice remissivo

D

E

R

S

LEIA TAMBÉM

AMPLIADO E ATUALIZADO
Trabalhe 4 Horas por Semana
Fenômeno internacional
Mais de 1.500.000 exemplares vendidos em todo o mundo
FUJA DA ROTINA, VIVA ONDE QUISER E FIQUE RICO
TIMOTHY FERRISS
Planeta ESTRATÉGIA

Dean
Graziosi
HÁBITOS
MILIONÁRIOS
Este livro tem um único propósito:
tirar você de onde está e levá-lo
para onde quer chegar
Planeta ESTRATÉGIA

EMOÇÃO *SOB* MEDIDA

O que aprendi sobre o poder da criatividade em quase 30 anos de trabalho na **NIKE**

GREG HOFFMAN

Planeta ESTRATÉGIA

>> BEST-SELLER DO THE WALL STREET JOURNAL <<
TIM HIGGINS
A APOSTA DO SÉCULO
A TESLA, ELON MUSK E SEUS JOGOS DE PODER
Planeta ESTRATÉGIA

Acreditamos nos livros

Este livro foi composto em Dante MT Std
e Bliss Pro e impresso pela Lis Gráfica para
a Editora Planeta do Brasil em setembro de 2024.